*Gita Mehta*

# Und immer wieder neue Himmel finden

Gita Mehta

# *Und immer wieder neue Himmel finden*

## Betrachtungen einer Inderin über ihr Land

Aus dem Englischen
von Ursel Schäfer

Karl Blessing Verlag

Titel der Originalausgabe: Snakes and Ladders
Originalverlag: Doubleday/Nar A. Talese

*Umwelthinweis:*
Dieses Buch und sein Schutzumschlag wurden auf chlorfrei gebleichtem Papier gedruckt.
Die Einschrumpffolie (zum Schutz vor Verschmutzung) ist aus umweltschonender und recyclingfähiger PE-Folie.

Der Karl Blessing Verlag ist ein Unternehmen der Verlagsgruppe Bertelsmann.

1. Auflage

Umschlaggestaltung: Network, München,
unter Verwendung eines Fotos von
Sigrid Estrada
Satz: Dr. Ulrich Mihr GmbH, Tübingen
Druck: Graphischer Großbetrieb Pößneck
Printed in Germany
ISBN 3-89667-017-4

»Nach dem, was ich … gesehen habe, würde ich, wenn ich zehn Jahre jünger wäre, sehr versucht sein, eine Reise nach Indien zu machen, nicht um etwas Neues zu entdecken, sondern um das Entdeckte nach meiner Art anzusehen.«

*Johann Wolfgang Goethe, 1787*

»...das einzige Land unter der Sonne, das mit einem unauslöschlichen Interesse für fremde Fürsten und fremde Bauern begabt ist, für Gebildete und Unwissende, Weise und Dumme, Reiche und Arme, Leibeigene und Freie, das einzige Land, das *alle* Menschen sehen wollen, und, wenn sie es gesehen, nur einen kurzen Blick darauf geworfen haben, möchten sie diesen Blick nicht mehr eintauschen gegen alles, was die ganze Welt sonst noch zu bieten hat.«

*Mark Twain, 1897*

# *Inhalt*

## TEIL IV

# *Teil I*

# 1

# *Das Lied der Freiheit*

Meine Mutter tanzte noch um drei Uhr morgens im Roshanara Club in Delhi, als bei ihr die Wehen einsetzten. Sie wurde eilends ins Krankenhaus gebracht, und nach einer Stunde war ich auf der Welt.

Später wiegte mich meine Patentante in den Armen und schlug vor, mir den Namen Jeanne d'Arc zu geben. Sie war eine Revolutionärin, wie so viele junge Leute, die damals die Nacht durchtanzten. Sie verstanden sich als Freiheitskämpfer gegen das britische Empire, und oft mußten sie wegen ihrer politischen Umtriebe in den Untergrund abtauchen. Wenn sie nicht gerade im Gefängnis saßen, tanzten sie nächtelang Rumba, Tango, Foxtrott und überließen sich der Hoffnung, der Abzug der Briten aus Indien stünde unmittelbar bevor.

Meine Eltern lebten in New Delhi, der Stadt, die Sir Edwin Lutyens als neue Hauptstadt für ein britisches Weltreich entworfen hatte, das für alle Ewigkeit Bestand haben sollte. Doch nun waren kaum zwanzig Jahre vergangen, und das Weltreich bröckelte. Meine Eltern boten so vielen indischen Nationalisten Zuflucht vor der Polizei, daß die Elite aller Freiheitskämpfer auf dem Subkontinent ihr Haus Paradies der Flüchtlinge nannte.

Am Morgen meiner Geburt meinten die meisten im Paradies der Flüchtlinge, Jeanne d'Arc klinge nicht indisch genug. Und so bekam ich den Vornamen Gita: Das bedeutet Lied, wie in Lied der Freiheit. Denn es war in den vierziger Jahren, und die Freiheit schien endlich greifbar nahe. Doch der Optimismus, der sich in der Wahl meines Namens ausdrückte, erwies sich als verfrüht. Genau drei Wochen später tauchten sechs bewaffnete Polizisten im Paradies der Flüchtlinge auf, legten meinem Vater Handschellen an und brachten ihn ins Gefängnis.

Grund für seine Verhaftung waren die Pistolen. Ein Jahrzehnt gewaltloser Widerstand im Geiste Gandhis hatte nicht ausgereicht, um die Briten aus Indien zu vertreiben. Die jungen, glühenden Nationalisten, meist wenig über zwanzig und voller Freiheitsdurst, hatten von gleichgesinnten Offizieren in der indischen Armee Waffen bekommen für den Tag, an dem sie vielleicht die Entscheidung treffen mußten, aufrecht zu sterben oder auf den Knien zu leben. Tatsächlich war wenige Jahre vorher der älteste Cousin meines Vaters, ein neunzehnjähriger Dichter, der den Überfall auf das britische Arsenal in Chittagong angeführt hatte, auf den Stufen des Arsenals im Kugelhagel gestorben, weil er sich nicht ergeben wollte. Daß sein jüngerer Bruder bereits festgenommen war, wußte er nicht.

Als sich die Handschellen um die Handgelenke meines Vaters schlossen, beugte er sich zum Abschied zu meiner Mutter und flüsterte ihr ins Ohr, sie müsse unbedingt die Waffen verschwinden lassen. Wenn sie in unserem Haus gefunden worden wären, hätten die Briten meinen Vater unweigerlich zu seinem unglücklichen Cousin in eine Zelle des schrecklichen Straflagers Kala Pani – der Insel des Schwarzen Wassers – gesteckt. Kala Pani gehörte zur Inselgruppe der Andamanen, die sich schemenhaft vor der Küste abzeichnen: Dort draußen wurden nur besonders gefährliche Gefangene eingekerkert. Die Lebensbedingungen waren so grauenvoll, daß die Hälfte der etwa sechzig Gefangenen, die wie mein damals vierzehnjähriger Onkel zu lebenslanger Haft verurteilt waren, in ihren Zellen Selbstmord begingen.

Für meine Mutter war es nicht leicht, die Waffen loszuwerden. Wie viele Mädchen aus Nordindien war sie in *purdah*, den Frauengemächern, aufgewachsen. Sie hatte nur unter Frauen gelebt, und Frauen hatten sie erzogen, darunter eine schottische Gouvernante. Dank ihrer traditionellen Erziehung konnte sie hübsche Aquarelle von den Seen im heimischen Kaschmir malen, die seltamen Ragas auf dem Sitar spielen, Wendungen aus dem klassischen Sanskrit verstehen und Strophen aus persischen Gedichten rezitieren. Aber auf das moderne Leben war sie kaum vorbereitet.

Am Anfang ihrer Ehe machte sich mein Vater daran, diesen Mangel zu beheben. Allerdings setzte er ziemlich eigenwillige Prioritäten, und ungeachtet ihrer sehr unterschiedlichen Körpergröße lehrte er sie als erstes Gesellschaftstänze. Anschließend brachte er ihr Bridge bei. Danach setzte er sie auf ein Fahrrad und schob sie so lange, bis sie die Pedale gut genug betätigen konnte, um allein das Gleichgewicht zu halten. Dann ließ er sie los. Sie radelte einmal halb um Delhi herum, ehe sie sich ein Herz faßte und wieder von dem Fahrrad herunterstieg. Jedenfalls konnte sie von diesem Tag an radfahren.

Mein Vater war ein begeisterter Flieger, und als nächstes beschloß er, meine Mutter sollte lernen, wie man ein Flugzeug flog. An dem Tag, als er verhaftet wurde, konnte sie fliegen wie der Teufel. Nur mit dem Autofahren – das in dem Moment dringend nötig war – haperte es bei meiner Mutter. Mein Vater hatte ihr bis dahin nur gezeigt, wie man den zweisitzigen Talbot Sunbeam mit dem aufklappbaren Verdeck rückwärts aus der langen Einfahrt fuhr, die das Paradies der Flüchtlinge mit der Außenwelt verband.

Doch kaum hatten die Polizisten meinen Vater abgeführt, da stopfte meine Mutter Pistolen und Munition in Kopfkissenbezüge, trug sie in den Talbot Sunbeam und lenkte ihn tapfer rückwärts durch das Tor die Straße hinunter, so weit wie es ging. Dann sprang sie heraus, ließ den Motor laufen und warf die Kissenbezüge in der Dunkelheit in einen Graben neben dem Gehsteig. Dann wendete sie und fuhr, immer noch rückwärts, wieder nach Hause, wo sich ausnahmsweise einmal keine Revolutionäre aufhielten, um zwei kleine, Aufmerksamkeit heischende Schreihälse – meinen einjährigen älteren Bruder und mich – zu hüten.

Am nächsten Morgen stellte meine Mutter fest, daß sie die Pistolen genau an dem von einer Mauer umgebenen Grundstück des Polizeichefs abgeladen hatte. Glücklicherweise war sie auch in einem so dramatischen Augenblick ganz die sparsame Hausfrau geblieben und hatte nicht die guten Leinenbezüge mit dem eingestickten Monogramm genommen, so daß die

Waffen und das Paradies der Flüchtlinge nie in Verbindung gebracht wurden.

Wie das Schicksal so spielt, war mein Vater wenige Monate vor seiner Verhaftung von der Vizekönigin von Indien empfangen und mit einem Orden ausgezeichnet worden, weil er im Zweiten Weltkrieg in Burma viele Briten vor den heranrückenden Japanern gerettet hatte. Er flog einen Einsatz nach dem anderen, nur begleitet von einem Bordingenieur, landete auf unwegsamem Gelände und ließ soviel Benzin wie möglich ab, damit er mehr Frauen und Kinder mitnehmen konnte. Mein Vater legte jene Tollkühnheit an den Tag, die im Rückblick als Heldenmut bezeichnet wird, in Wirklichkeit aber das ganz natürliche Verhalten junger Männer ist, die mit Leben und Tod spielen.

Junge Nationalisten sind oft sentimental. Mein Vater sah keinen Widerspruch darin, Waffen für den Kampf gegen die Briten zu horten und gleichzeitig sein Leben einzusetzen, um Briten zu retten. Und die Briten ihrerseits sahen keinen Widerspruch darin, einen Mann als Terroristen ins Gefängnis zu werfen, den sie noch kurz zuvor als Retter geehrt hatten.

Meiner Mutter fiel die Aufgabe zu, mit all diesen Widersprüchen zu leben. Fast vier Jahre lang folgte sie, zwei kleine Kinder im Schlepptau, meinem Vater von Gefängnis zu Gefängnis. Mit allen möglichen Tricks schmuggelte sie Briefe zu ihm, manchmal in den Schuhsohlen meines Bruders, der dann stolz, wie kleine Kinder sein können, darauf bestand, den Gefängniswärtern das Versteck zu zeigen. Prompt wurde die Strafe meines Vaters verlängert.

Nach zwei Jahren brachte meine Mutter uns in einer Klosterschule in den Bergen unter, damit sie sich ganz darauf konzentrieren konnte, meinen Vater von seinen immer haarsträubenderen Fluchtplänen abzubringen. Bis sich eines glücklichen Tages mein Vater einen mehrfachen Armbruch zuzog. Meine Mutter fand unter den Revolutionären einen Arzt, der den Arm senkrecht nach oben gestreckt fixierte. Monatelang sah mein Vater aus wie ein Polizist, der den Verkehr anhält, weil meine Mutter fürchtete, daß er mit seiner Körpergröße und seinem Leichtsinn überall Aufsehen erregen und man ihn über kurz oder lang wieder festnehmen und fortschaffen würde.

In den Jahren im Gefängnis verbesserte mein Vater seine Kochkünste, sein Schachspiel und entwarf Pläne für die Zerstörung des britischen Weltreichs. In seinem liebsten Szenario sollte er Textilmagnat werden. Textilfabriken verwendeten allem Anschein nach die gleichen Farbstoffe und Chemikalien, die bei der Herstellung von Geldscheinen benötigt wurden. Mein Vater war überzeugt, daß er, wäre er nur erst frei, innerhalb von sechs Monaten den Subkontinent mit einer solchen Flut gefälschter Geldscheine überschwemmen könnte, daß die britischen Herrscher darin ertrinken würden.

Viele Jahre später, als Indien schon lange ein unabhängiges Land war und man sich kaum noch erinnern konnte, daß es einmal so etwas wie ein britisches Weltreich gegeben hatte, rief ich von Europa aus meine Eltern an, weil ich ihnen mitteilen wollte, daß ich ein Kind erwartete. Sie beglückwünschten mich begeistert und drängten mich, das Kind in Indien zur Welt zu bringen. Von dem Gespräch ist mir eine lakonische Bemerkung im Gedächtnis geblieben: »Dann würden wir doch wenigstens erleben, daß unser erstes Enkelkind auf indischem Boden geboren wird.«

Da kam mir zum ersten Mal zu Bewußtsein, daß weder mein Mann noch ich als Bürger eines freien Indien zur Welt gekommen waren.

Ich wollte wissen, wie es sich im Alltagsleben auswirkt, wenn man von einer Kolonialmacht beherrscht wird, und fragte meine Mutter: »Was ist deine schlimmste Erinnerung an die britische Kolonialherrschaft?«

»Meine schlimmste Erinnerung?«

»Ja, das Schlimmste, was dir passiert ist.«

Meine Mutter schwieg so lange, daß ich dachte, in ihrem Gedächtnis stiegen Bilder empor, die zu schrecklich seien, um sie in Worte zu fassen: mein Vater im Gefängnis; sie, wie sie von einer offiziellen Stelle zur andern lief und um seine Freilassung flehte; der Tag, an dem sie ihre beiden kleinen Kinder in Internate gab. Und nun sollte sie entscheiden, welches von so vielen demütigenden Erlebnissen das demütigendste gewesen war.

Schließlich sagte sie: »Ich erinnere mich, wie ich einmal mit dem ältesten Bediensteten meines Vaters den Bahnsteig entlangging. Ich war sechzehn und sollte mit dem Zug von Delhi nach Lahore fahren. Auf einmal streckte eine Engländerin ihre Hand aus einem Zugfenster und stieß dem alten Mann den Turban vom Kopf. Ich war entsetzt, daß sie so beiläufig einen würdigen alten Mann beleidigte! Ich stand da und überlegte, was das schlimmste Schimpfwort war, das ich auf Englisch kannte. Schließlich rief ich ihr zu: ›Wie können Sie so etwas tun? Sie alte Hexe!‹«

»Ist dann die Polizei gekommen?« fragte ich.

»Polizei? Was denkst du denn! Die Engländerin schaute mich durchs Zugfenster an. Sie hatte rote Haare. Und dann sagte sie zu mir: ›Meine Liebe, eines Tages wirst du auch eine alte Hexe sein.‹ Das ist meine schlimmste Erinnerung an die Kolonialzeit.«

Da indische Mütter üblicherweise keinen Sinn für trockenen Humor haben, mußte ich ihr glauben, daß das tatsächlich ihr schlimmstes Erlebnis war.

Ich stellte die gleiche Frage auch meinem Vater und erwartete, daß er mir von seiner Schulzeit erzählen würde, von dem Tag, als ihm ein wütender Polizist grundlos oder vielleicht nur, weil ihn die Hitze quälte, seinen Knüppel auf den Kopf geschlagen hatte, so daß mein Vater eine zwölf Zentimeter lange Platzwunde davontrug. Ich erwartete, daß er mir das erzählen würde oder ein ähnliches Erlebnis, nicht weil der physische Schmerz so schlimm gewesen war, sondern weil er machtlos gewesen war und sich nicht hatte wehren können. Oder zumindest dachte ich, die Monate in Einzelhaft wären ihm als das schlimmste Erlebnis in Erinnerung geblieben.

Statt dessen erzählte er: »Einmal sollte ich einen britischen Oberst und seinen Adjutanten an die Nordwestgrenze fliegen. Als ich in die Pilotenkanzel kletterte, hörte ich, wie er laut sagte:

›Mein Gott! Ich steige nicht in ein Flugzeug, das von einem dreckigen Eingeborenen geflogen wird!‹ Aber es blieb ihm gar nichts anderes übrig. Schließlich landete ich auf freiem Feld ungefähr 150 Kilometer von Quetta entfernt. Im Sommer ist das der heißeste Fleck von ganz Indien. Und es war verdammt heiß dort, weit und breit kein Baum. Der Oberst schwitzte und fluchte auf die Eingeborenen, sein Gesicht rötete sich immer mehr in der Sonne, und der Adjutant stand daneben und nickte gehorsam.«

»Und was hast du dann gemacht?«

»Ich kletterte wieder ins Cockpit, sagte zu ihm, er solle versuchen, einen Piloten zu finden, der kein dreckiger Eingeborener sei, und startete. Sollte er doch zusehen, wie er zu Fuß nach Quetta kam.«

Im Laufe der Jahre habe ich die Erfahrung gemacht, daß meine Eltern und die Menschen in ihrer Umgebung nicht durch Bitten und Betteln dazu zu bewegen sind, über ihre schmerzvollen Erfahrungen zu sprechen. Hingegen erzählen sie mit leidenschaftlicher Anteilnahme, was andere erdulden mußten. Tatsächlich sind die Angehörigen einer ganzen Generation der bengalischen *jeunesse dorée*, Nachkommen der mächtigsten und vornehmsten Familien, in den Docks von Kalkutta untergetaucht, weil sie sich nach der großen Hungersnot der Kommunistischen Partei angeschlossen hatten und verfolgt wurden. Die Hungersnot wurde ausgelöst, weil die Besatzer in Erwartung eines japanischen Angriffs Lebensmittel für die alliierten Streitkräfte requirierten. Doch der Angriff fand nicht statt, die Lebensmittelvorräte wurden freigegeben und gelangten auf den Schwarzmarkt zu Preisen, die die meisten Menschen nicht bezahlen konnten. Im Winter 1942 verhungerten fast drei Millionen Menschen, während Tonnen von Lebensmitteln verrotteten. Der Großteil starb auf den Straßen von Kalkutta.

Noch Jahrzehnte später werden die tapferen ehemaligen Nationalisten wütend, wenn sie von solchen Ungerechtigkeiten erzählen. Noch Jahrzehnte später fühlen sie sich persönlich dadurch verletzt. Was ihnen selbst an Ungerechtigkeit widerfahren ist, wird abgetan als der unvermeidliche Preis, den sie nun einmal dafür zahlen mußten, nicht länger Untertanen fremder Herrscher zu sein, sondern Bürger eines freien Indien. Wann immer sie über die Jahre des Kampfes für die Unabhängigkeit sprechen, machen sie Witze oder erzählen lustige Geschichten, als wäre es wunderbar gewesen, den Anbruch der neuen Zeit mitzuerleben, und das reinste Paradies, damals jung zu sein.

Und vielleicht war es tatsächlich so. Im Unabhängigkeitskampf zerbrachen viele Konventionen der traditionellen indischen Gesellschaft. Für Frauen, die wie meine Mutter aufgezogen worden waren, wäre es früher undenkbar gewesen, mit so vielen außergewöhnlichen jungen Männern und Frauen zusammenzukommen und soviel Aufregendes zu erleben. Die Flugzeuge, Pistolen und das lebensgefährliche Versteckspiel mit der Polizei waren die eine Seite; daneben konnten Frauen und Männer unabhängig von allen Konventionen frei miteinander umgehen. Der Wunsch nach Freiheit trieb sie dazu, die Grenzen ihres behüteten Lebens und die gesellschaftlichen Vorstellungen von schicklichem Verhalten hinter sich zu lassen und in unbekannte Bereiche vorzustoßen, wo sie gezwungen waren, sich auf ihre eigenen Stärken zu besinnen.

Meine Patentante beispielsweise stammte aus einer bedeutenden Hindu-Familie in Ostindien. Sie brach mit der eisernen Tradition und heiratete einen bekannten Nationalisten, der aus Nordindien kam und Moslem war. Ihr Vorbild, Indiens größte Frauenrechtlerin, Sarojini Naidu – die Mahatma Gandhi mit Mickymaus verglich und über die Gandhis Biograph Robert Payne schrieb, sie sei »überschwenglich, geradeheraus, respektlos, unglaublich ... eine von den Frauen, die die Welt reicher machen« – hatte die Empfindlichkeiten der indischen Gesellschaft bereits durch die Heirat mit einem Mann aus einer niedrigeren Kaste verletzt. Frauen wie sie waren furchtlos, ob sie auf den Barrikaden kämpften, den Vizekönig in seinem Palast aufsuchten oder Demonstrationen gegen berittene Polizei anführten. Später trieb dieselbe Furchtlosigkeit sie in übervölkerte Städte mitten in die schlimmsten Kämpfe zwischen Hindus und

Muslimen, die mit der Teilung des Landes in die beiden Staaten Indien und Pakistan endeten. Ganz allein und unbewaffnet versuchten sie, dem Morden durch bloße Willenskraft Einhalt zu gebieten.

Für mich ist ihre Furchtlosigkeit heute schwer nachzuvollziehen. Ihr Mut schien weder von Geltungsdrang noch von ideologischem Sendungsbewußtsein, noch von religiösem Missionierungseifer beflügelt zu sein – den drei Triebkräften, die üblicherweise Menschen zu selbstmörderischen Unternehmungen anstacheln. Manchmal frage ich mich, ob sie vielleicht das besaßen, was Mahatma Gandhi als eine Art moralische Stärke bezeichnete.

Ich wollte immer begreifen, was ihren Mut ausmachte, und sprach mit dem Onkel, der seine Strafe auf Kala Pani hatte verbüßen müssen.

Er war ein liebenswürdiger Mann, spielte gern Klavier und betrachtete die Welt noch im Alter von über siebzig mit der Neugier eines Kindes.

Aber ich fühlte ihm gegenüber ehrfürchtige Scheu. Siebzehn Jahre hatte er in der Strafkolonie verbracht!

»Warst du nicht zu Tode erschrocken, als du dein Urteil gehört hast?«

»Natürlich. Ich war ja erst vierzehn Jahre alt. Ich hatte einen Schuß in den Knöchel bekommen. Sie folterten und verhörten mich wochenlang, dann verurteilten sie mich zu lebenslanger Schwerstarbeit, legten mir Ketten an und schleppten mich auf das Schiff nach Kala Pani. Ich glaube, richtig Angst bekam ich trotzdem erst, als wir anlegten. Da sah ich vier britische Wärter in knielangen Strümpfen und gestärkten kurzen weißen Hosen, die ihre Peitschen auf den Sand knallen ließen und riefen: ›Hier zähmen wir bengalische Tiger!‹«

Mein Onkel hatte gelächelt. »Ich würde mein Leben nicht jedem empfehlen. Aber ich denke, wenn du jahrelang Tag für Tag mit der Angst konfrontiert bist und schließlich Glück hast und überlebst, dann lernst du einiges über die Grenzen der Angst kennen. Die britische Herrschaft war jedenfalls auch eine Form von Gefangenschaft. Es gab keine Redefreiheit, keine Pressefreiheit, keine Versammlungsfreiheit. Wenigstens sind wir jetzt Bürger eines freien Landes.«

Ich nehme an, auf dem Papier ist das richtig. Aber in den fünfzig Jahren, die Indien mittlerweile ein freies Land ist, wurden die Namen all derer, die mit ganzem Herzen für die Freiheit kämpften, nach und nach aus unserer Geschichte getilgt.

Statt dessen hörten wir von anmaßenden Führern bis zum Überdruß, sie verkörperten Indien, und schlimmer noch, Indien sei identisch mit ihnen. Und ihren Söhnen. Und den Söhnen ihrer Söhne, und so weiter bis zum Erbrechen.

Das dreht einem den Magen um, besonders wenn sie es immer wieder verbreiten und jeden umstandslos ins Gefängnis werfen, der anderer Meinung zu sein wagt. Und zu wenige in unserem Land haben gewagt, ihnen zu widersprechen.

Die auffälligste Entwicklung im unabhängigen Indien ist in der Tat die, daß man früher sozialer und politischer Ungerechtigkeit furchtlos entgegentrat und heute diejenigen, die die gesellschaftliche und politische Macht besitzen, feige umwirbt.

Wenn es sich einmal etwas anders verhält, so ist das eine Überraschung. Eines Tages rief ich einen höheren Beamten an, dessen Büro nur drei Türen vom Büro der damaligen indischen Premierministerin Indira Gandhi entfernt lag. Sie hatte bereits vollkommen die Bodenhaftung verloren und war fest überzeugt, daß Indien Privatbesitz ihrer Familie sei. Diese fixe Idee von dem Erbe ging konsequenterweise mit einem genauso starken Verfolgungswahn gegenüber all jenen einher, die ihr das Erbe vielleicht streitig machen würden. Infolgedessen wurde in ihrer Verwaltung reichlich getuschelt und geflüstert, gab es viele ehrgeizige Höflinge, die Lügen über ihre Kollegen verbreiteten, und das ganze Drum und Dran von Schnüffelei und Denunziation, das am Hofe eines Möchtegerndespoten üblich ist.

In öffentlichen Reden hielt sie den Menschen gern immer wieder vor: »Denkt daran! Mein Vater hat euch die Freiheit gegeben!« Und in ihrer Verwaltung schätzte sie keine Beamten mit einer unabhängigen Meinung.

So wunderte ich mich sehr, als der erwähnte höhere Beamte seinem Ärger über die Premierministerin mit Ausdrücken wie »dynastisch« und »paranoid« ungehemmt Luft machte.

»Sollten Sie nicht vorsichtiger sein und etwas leiser sprechen, wenn sie so über die Premierministerin reden?« fragte ich mit einiger Bewunderung. »Schließlich stehen Sie in ihren Diensten.«

»Quatsch«, fuhr er mich an, »ich stehe nicht in ihren Diensten. Mein Arbeitgeber ist das indische Volk. Vergessen Sie das nie. Das ist verdammt noch mal mein Land.«

Ein solcher Unmut ist Grund genug, daß man den indischen Paß für weitere fünfzig Jahre Freiheit behalten möchte.

Zumindest fiel mir diese Szene ein, als mich ein Beamter der Einwanderungsbehörde am Flughafen von New Delhi fragte, wie lange ich nun schon außerhalb Indiens lebe.

Auf meine Antwort hin starrte er mich entgeistert an. »Und Sie haben immer noch einen indischen Paß, gnädige Frau? Darf ich fragen warum?«

Es wäre die richtige Gelegenheit gewesen, es ihm geradeheraus zu sagen. Aber in Indien schickt es sich nicht, daß eine Frau flucht. So brachte ich es einfach nicht über mich, ihn anzufahren: »Weil das verdammt noch mal mein Land ist. Vergessen Sie das nie.«

# 2

## *Wer hat Angst davor, Ind(ian)er zu sein?*

»Warum will niemand Indianer sein?« fragt mich der Interviewer zur Verblüffung der übrigen Diskussionsteilnehmer, die mit mir am Tisch sitzen.

Wir sind in London und nehmen eine Rundfunksendung auf. Es ist früh am Morgen. Ich schaue verwirrt den Mann an, der vor mir interviewt wird.

Er wurde, glaube ich, als Zahnarzt aus Birmingham vorgestellt. Angezogen ist er wie ein amerikanischer Cowboy: Cowboyhut, lederne Beinschützer, mehrere Schießeisen. Obwohl es eine Radiosendung ist, hat er gerade vorgeführt, wie schnell er ziehen kann.

»Ist es nicht interessant, daß jeder Cowboy sein will?« fragt der Interviewer den Zahnarzt, während ich unversehens in die Läufe zweier Revolver blicke. »Warum will keiner Indianer sein?«

Der Zahnarzt steckt seine Revolver wieder ein und bleibt die Antwort schuldig. So wendet sich der Interviewer an mich. »Nun, was ist *Ihre* Meinung, warum keiner Indianer sein will?«

Ich blicke den Zahnarzt mißtrauisch an. »Ich denke, manchen bleibt gar nichts anderes übrig.«

Die anderen Diskussionsteilnehmer lachen nervös auf.*

Sie haben meinen Sari gesehen, den roten Punkt auf meiner Stirn: Merkmale einer anderen Art von »indianischer« Abstammung, vor denen die harmlose Frage jedoch nicht weniger rassistisch klingt. Das Gespräch hätte sicher den Beamten der Einwanderungsbehörde interessiert, der nicht verstehen konnte, warum ich die Chance, eine Bürgerin der Ersten Welt zu werden, nicht ergriffen hatte.

* Das Englische hat für »Indianer« und »Inder« dasselbe Wort.

Sein Unverständnis ist nichts Außergewöhnliches, das wird jeder Einwanderungsbeamte in der Ersten Welt bestätigen. Eine augenfällige Entwicklung der jüngsten Zeitgeschichte ist die Wanderung von Menschen aus ehemaligen Kolonien, die noch nicht lange unabhängig sind, in die Länder jener Herren, für deren Vertreibung ihre Vorfahren all ihre Kraft eingesetzt haben. Es stellt sich die Frage, warum das so ist.

Ich erinnere mich noch lebhaft an Szenen meiner Kindheit, als wir mit fremden Kindern in der Schmähung der jeweils anderen Nationalität wetteiferten. Unsere Gegner waren rotwangige, blonde Kinder aus westlichen Ländern, die in schicken Blue Jeans und Röcken mit Petticoat daherkamen – es waren die fünfziger Jahre – und höhnische Bemerkungen über uns machten, wie wir da saßen mit glänzenden Zöpfen und den einfachen Kleidern, die Arme und Beine bedeckten.

»Was gibt's bei euch schon außer Schlangen und Affen?« brüllten sie. »Inder sind arm und dreckig und rückständig.«

Das war mehr, als wir ertragen konnten, und so schrien wir zurück: »Wir haben das Taj Mahal gebaut!«

»Das ist schon ein paar hundert Jahre her«, spotteten sie. »Und was könnt ihr heute?«

»Also, wir ...«

Schon damals war uns klar, daß man uns allenfalls wegen des Reichtums unserer Vergangenheit achtete, uns aber keine großen Chancen für die Zukunft gab. Schließlich machten die trostlosen Zustände der Gegenwart die Realität unserer Jugend aus, die Last so riesiger sozialer und wirtschaftlicher Ungleichheiten, daß die Aufgabe, sie zu überwinden, selbst die Kräfte eines Herkules überstiegen hätte. Und diese selbstbewußten Zwerge aus der Ersten Welt beschäftigte nur die eine Frage, was sie als nächstes kaufen sollten. Verdammt ungerecht, murrten wir. Warum konnten wir nicht in ihrer Welt leben?

Mit anderen Worten: Warum können wir nicht alle Cowboys sein? Warum muß überhaupt jemand Ind(ian)er sein?

Wer heute Inder ist, wird von der Fülle der Aufgaben, die wir zusammen mit der Freiheit ererbt haben, geradezu erschlagen.

Wir sind zu viele.

Zu wenige von uns können lesen und schreiben.

Die Hälfte von uns lebt unterhalb der Armutsgrenze.

Korruption ist im öffentlichen Dienst auf allen Ebenen gang und gäbe. Der Abgeordnete Piloo Modi sagte es seinen beleidigten Kollegen einmal direkt ins Gesicht: »In Indien wird es zu einer demütigenden Erfahrung, wenn man einen Brief zur Post bringt, einen Telefonanschluß beantragt, ein Kind einschult, ärztliche Hilfe in Anspruch nimmt, eine Arbeitsstelle sucht, eine Fahrkarte für den Zug kauft.«

Aber ich glaube, es ist erstaunlich, daß Indien überhaupt ein Parlament hat.

Was uns von der Generation unterscheidet, die für Indiens Freiheit kämpfte, ist ein Gefühl der Ohnmacht. »Was hat es für einen Sinn, wählen zu gehen?« antwortete ein Mann auf der Straße auf die Frage, ob er bei der Parlamentswahl seine Stimme abgeben werde. »Die Regierung taugt nichts, das Land taugt nichts, und alles wird nur immer noch untauglicher.«

Doch wir genießen den größten Trost der Freiheit: Wir können ihnen nämlich einen Tritt in den Hintern geben. Und siebzig Prozent der indischen Wähler nehmen diesen Trost bei jeder Parlamentswahl in Anspruch.

In meinen Augen gehört es zu den Wundern unseres kriegsmüden Jahrhunderts, daß Indien immer noch eine Demokratie ist. Vor zweitausend Jahren in Griechenland für einen kleinen Stadtstaat ersonnen, bezieht die Demokratie in Indien heute neunhundert Millionen Menschen in eine riesige Debatte über die Zukunft ein.

Jeder sechste Mensch auf der Erde ist Inder – und arbeitet mit an der Aufgabe, eine für alle lebenswerte Welt zu schaffen. Wie schwer verdaulich die Wirklichkeit auch sein mag, in einer so ungeheuer großen Öffentlichkeit kann sie nicht geleugnet werden. Mit jeder Wahl wird die Forderung lauter, daß die Politiker die Verantwortung übernehmen und die Probleme endlich anpacken. Je deutlicher die Verantwortung wird, desto mehr wird sich der einzelne seiner Macht bewußt, desto weniger sind die

Menschen bereit, die Ungerechtigkeiten der Vergangenheit auf sich beruhen zu lassen. Solche Unbescheidenheit hat bereits der Hälfte der Menschen in unserem Land, davon viele unterhalb der Armutsgrenze lebend, Perspektiven für ihr Leben eröffnet. Das wurde in den ersten fünfzig Jahren unserer Freiheit erreicht.

Wenn mir heute die Frage gestellt wird, was einen Inder an sein Land bindet, kann ich keine hochbedeutenden Dinge anführen. Es ist einfach die brennende Neugier, wie es in der Zukunft weitergehen wird.

Können Sie sich vorstellen, daß es durch demokratische Übereinkunft gelingen könnte, auch die andere Hälfte der Bevölkerung über die Armutsgrenze zu bringen und ein Land zu schaffen, in dem sich jeder Bürger an den Tisch setzen kann?

Immerhin geht es um ein Sechstel der Menschheit.

Können Sie sich vorstellen, was das für Indien bedeuten würde?

Können Sie sich vorstellen, was das für die ganze Welt bedeuten würde?

# 3
# *Mein verdammtes Land*

Eigentlich bin ich mir gar nicht sicher, was Indien ist. Oder, um es mit einer Paraphrase des Rigweda auszudrücken, ob es Indien *überhaupt gibt.*

Einer Definition am nächsten kam ich, als ich einmal in Ostindien durch den Dschungel fuhr und plötzlich ein Holzschild entdeckte, das an einen Baum genagelt war und auf das jemand in mangelhaftem Englisch, aber mit beneidenswertem Selbstvertrauen sorgfältig die Worte gemalt hatte: WILLKOMMEN IN INDIEN – LAND EHRWÜRDIGER ALTERTÜMER UND MÄRCHENHAFTER GEGENSÄTZE. Und aus den Tagen der »ehrwürdigen Altertümer« stammt eine Geschichte, die eine andere Definition nahelegt.

Vor vielen hundert Jahren trafen zwei der größten Weisen Indiens zu einer Art spirituellem Kräftemessen zusammen. Der eine Weise, ein großer Asket, hatte sich ein Leben lang kasteit und war nun unverwundbar. Bei den Menschen hieß er darum »der diamantharte Asket«. Der andere, ein Dichter, hatte nie irgendwelche Kasteiungen auf sich genommen und galt dennoch als der heiligste Mann in ganz Indien. Er wurde als »das Feld der Erfahrung« verehrt.

Der Asket ärgerte sich, daß der Dichter in höherem Ansehen stand, drückte ihm ein Schwert in die Hand und sagte, er solle ihn, den Asketen, verwunden. Der Dichter hob das Schwert gehorsam hoch und ließ es mit Wucht auf den Asketen niedersausen. Das Schwert zersprang, aber der Asket trug nicht einmal einen Kratzer davon. Daraufhin nahm der Diamantharte sein eigenes Schwert und hieb mit seiner übermenschlichen Kraft auf den Dichter ein in der Absicht, das Feld der Erfahrung in zwei Teile zu spalten. Doch das Schwert ging durch den Körper des Dichters hindurch, ohne ihn im geringsten zu verletzen, und beschämt erkannte der Asket, daß er in dem Dichter seinen Meister gefunden hatte. Die Kasteiungen hatten den Asketen nur stark gemacht. Das Feld der Erfahrung reichte über die bloße Stärke hinaus.

Wer sagt, Indien sei keine wirkliche Nation, gebraucht ein Klischee. Gewiß ist es keine Nation mit den diamantharten Vorstellungen von nationaler Identität, die viele andere Länder beseelen. Indien ist nicht einmal eine kulturelle Einheit. Vielmehr existieren mehrere Kulturen auf unterschiedlichen Entwicklungsstufen trotz aller Widersprüche nebeneinander. Ich erinnere mich aber auch, daß in meiner Jugend alljährlich die indische Hauptstadt in große Hektik geriet, wenn wichtige Persönlichkeiten aus allen Teilen des Landes zu der Nationalen Integrationskonferenz zusammenkamen und darüber diskutierten – erfolglos indes –, was getan werden müsse, um Indien zu einer eigenständigen Nation zu formen.

Damals war das unabhängige Indien noch jung, und Menschen aus dem Westen forderten von den Indern in aggressiver Weise Antworten auf so deprimierende Fragen wie »Wann wird es in Indien zu einer Revolution kommen?« oder »Warum hat es in Indien keinen Protestmarsch gegeben?«

Die Verfechter einer einheitlichen indischen Nation wie auch die Fragesteller aus dem Westen begriffen nicht, daß solche dramatischen Umwälzungen nur stattfinden können, wenn ein Land eine kohärente Identität hat – und Indien hat keine.

Zu allen Zeiten hat es die jeweiligen Machthaber in Indien erbost, daß eine Identität fehlte, die sie hätten kontrollieren können. Die Bürokraten des britischen *raj* wurden fast verrückt bei ihrem aussichtslosen Kampf gegen das augenscheinliche Chaos im Land. Ihre kaiserlichen Vorgänger, die Satrapen des Mogulreiches, hatte das Chaos in die Opiumsucht getrieben. Und die heutigen Herrscher erleben die gleichen Frustrationen bei ihren Bemühungen, ein Land zu zentralisieren, das kein Zentrum hat, sondern ein weites Feld der Erfahrung ist.

Manche glauben an die Dialektik des Materialismus oder an

die Autorität der Geschichte. Sie wandern durch die Ruinen glorreicher Weltreiche und erklären uns, Indien habe aus seiner Vergangenheit nichts gelernt. Andere spielen statistisches Roulette und sagen uns, Indien habe keine Zukunft. Professor John Kenneth Galbraith, vom damaligen US-Präsidenten Kennedy als Botschafter nach Indien entsandt, prägte für das Land eine griffige und sogar treffende Formel, als er es als eine »funktionierende Anarchie« beschrieb.

In meinen Augen ist die fehlende Homogenität, die für die Fließband-Mentalität des ausgehenden 20. Jahrhunderts eine solche Bedrohung darstellt, das Wesen der schöpferischen Kraft Indiens, seine größte Stärke. Es mag zwar richtig sein, daß man nicht kontrollieren kann, was man nicht zu fassen vermag – aber man kann es auch nicht zerstören.

Um mit den offensichtlichsten Widersprüchen zu beginnen: Die meisten Inder betrachten die meisten anderen Inder als Ausländer, und das durchaus mit einiger Berechtigung. Die Briten beherrschten nur zwei Drittel des Landes. Das restliche Drittel bestand aus mehr als fünfhundert unabhängigen Königreichen, und geographisch, rassisch, sprachlich, kulturell haben die verschiedenen Regionen Indiens weniger Gemeinsamkeiten als die verschiedenen Staaten Europas oder Nord- und Südamerikas.

Ich fragte einmal einen Mann aus Südindien, der als Diplomat an der indischen Botschaft in London tätig war, ob er kein Heimweh habe, da er so weit von zu Hause fort sei.

»Nein, überhaupt nicht«, antwortete er. »Ich bin daran gewöhnt, im Ausland zu leben. Bevor ich nach London kam, habe ich in Delhi gearbeitet.«

Es war eine ganz vernünftige Antwort. Indien ist die Summe aus einer Million verschiedener Welten, an drei Seiten von Ozeanen umschlossen, im Norden von dem mächtigen Himalaya. Innerhalb dieser Grenzen liegen im Osten üppige Kulturen, von Reisfeldern umgeben, und im Westen Wüstenkönigreiche, geschützt durch steinerne Befestigungen. Nachfahren der indischen Ureinwohner leben im Dschungel, der Indiens Kernland überwuchert; an den Ufern der gewaltigen Flüsse blühen noch heute dreitausend Jahre alte heilige Städte, und der Handel gedeiht noch an den alten Häfen.

Delhi ist zwar die Hauptstadt des indischen Staates, aber die Menschen in Indien fühlen sich all diesen verschiedenen Welten zugehörig, die in einem indischen Universum enthalten sind, das allen Wechselfällen der Geschichte trotzt. Die äußeren Merkmale ihrer Hauptstadt stützen die Logik dieser Sichtweise. Delhi war die Hauptstadt von mindestens sieben Reichen, und alle Herrscher hatten eine Vorliebe für Monumentalarchitektur. So drängt sich einem schon bei einer belanglosen Fahrt durch die Stadt der Gedanke an die Vergänglichkeit der *gloria mundi* auf.

Hinter den großen Elefantentoren einer Festung, die nur als das Alte Fort bekannt ist, weil niemand mehr genau weiß, wer sie errichten ließ, graben die Archäologen gegenwärtig die Überreste einer Kultur aus, bei der es sich ihrer Meinung nach um das heilige Reich handelt, das in der *Mahabharata,* dem großen Epos der Hindu-Religion, erwähnt wird. Weiter die Straße hinunter erblickt man die mächtige Sandsteinfassade der Residenz des Vizekönigs des einst mächtigsten Reiches der Welt, des britischen Empire. Noch weiter unten steht das ausgedehnte Rote Fort, wo die Vorgänger des Vizekönigs residierten, die Mogulkaiser, die sich selbst »Schatten Gottes auf Erden« nannten und die Besucher zur Audienz auf einem Pfauenthron in einem vom Boden bis zur Decke mit Juwelen besetzten Saal empfingen – auf den Zinnen derselben Festung wurde zum ersten Mal die Fahne der unabhängigen Nation entrollt, als ein kleineres Indien endlich, wie der erste Premierminister des Landes es ausdruckte, seine »Verabredung mit dem Schicksal« hatte. Das Schicksal war politische Freiheit, die Gewähr des Geburtsrechts. Dies allein macht das moderne Indien aus.

Andere Definitionen sind schwieriger. Wir haben keine gemeinsame ethnische Abstammung. Die Arier in den Ebenen des Nordens unterscheiden sich von den Dravidern im Süden, und beide haben wenig mit den mongolischen Rassen im Osten gemeinsam. Nicht einmal die Sprache.

Die indische Regierung erkennt offiziell siebzehn große Sprachen als Verkehrssprachen an. Jede Sprache hat nicht nur ihre eigene alte und moderne Literatur, eigene Zeitungen, Radio- und Fernsehprogramme und Filme, sondern auch ihre eigene Schrift. Dann haben wir noch das klassische Sanskrit. Insgesamt sind es über vierhundert Sprachen, manche mit eigener Schrift, manche werden nur gesprochen. Und dann gibt es natürlich als gemeinsame Verwaltungssprache das Englische, das die Inder in mehr als zwei Jahrhunderten, in denen es im Land gesprochen und geschrieben wurde, in ganz einzigartiger Weise zu ihrer Sprache gemacht haben.

Wenn es stimmt, daß es ein Zeichen göttlicher Inspiration ist, in Zungen zu reden, dann kann Indien für sich in Anspruch nehmen, der heiligste Ort auf dem Planeten zu sein. Doch die Sprachenpolitik ist ein Schwert an Indiens Kehle, und jedesmal, wenn wieder ein verrückter Chauvinist verlangt, eine der vielen Sprachen Indiens müsse als Landessprache verbindlich gemacht werden, rebellieren die einzelnen Sprachgruppen der Nation. In meinen Augen ist dieses leidenschaftliche Aufbegehren durchaus angebracht. Würde einem Land, das so reich an Unterschieden ist wie Indien, eine verbindliche Nationalsprache mit allen kulturellen Implikationen aufgezwungen, dann wäre das für uns ein tragischer Verlust.

Von allen Elementen, die zu unserer Verschiedenheit beitragen, hat nichts das »Land der märchenhaften Gegensätze« so sehr bereichert wie die Vielfalt der Religionen. Hinduismus, Christentum, Islam, Jainismus, Parsismus, Judaismus, Buddhismus, Sikhismus – in Indien kann man der Religion nicht entkommen. Jeder Fluß, jeder See, jeder Berg ist Schauplatz einer Erzählung aus einer göttlichen Mythologie; in jedem Dschungel bezeichnen Blumen und zinnoberrote Markierungen die Plätze, wo die Ureinwohner die Natur verehrt haben.

Der Hinduismus ist die Religion der Mehrheit der Inder, obgleich der Begriff »Mehrheit« seine konventionelle Bedeutung verliert, wenn man bedenkt, daß wir mit über hundert Millionen Muslimen das drittgrößte muslimische Land der Welt sind. Die zweitausend Jahre alte christliche Gemeinschaft behauptet, der erste christliche Missionar, der an Indiens Küste landete, sei der ungläubige Thomas gewesen, einer der zwölf Apostel, und mit ihm habe die Kirche in Indien begonnen.

Wir haben den Baum, unter dem Buddha die Erleuchtung empfing, Hindu-Tempel, die auf Anweisung der Götter errichtet wurden, Moscheen, die so riesig sind, daß siebzigtausend Gläubige nebeneinander auf ihren Gebetsteppichen knien und *namaaz* sprechen können. Monumente der buddhistischen Religion – Stupas und steinerne Klöster – sind in unsere Felsen gehauen. Die steinernen Kolossi der Jainisten beherrschen unsere Hügellandschaften. Die Parsen haben ihre Tempel des Schweigens und ihre Feuertempel, die nur die Anhänger von Zarathustra betreten dürfen, die Sikhs haben ihre Gurudwaras aus Marmor und Gold. Dann gibt es noch die Kathedralen der römisch-katholischen Kirche, die orthodoxen Gotteshäuser der Armenier, die vor den Pogromen des Osmanischen Reiches flohen, die Synagogen der Juden. Und man findet unzählige Gedenkstätten, die an die unzähligen heiligen Männer Indiens erinnern.

Der Dichter W. H. Auden definierte Kultur einmal als das Ausmaß, in welchem Verschiedenheit erreicht und Einheit erhalten sei. Meine liebste Gedenkstätte veranschaulicht dies sehr schön: Es ist ein Baum in Bombay, der, dem Alptraum des städtischen Lebens selbstbewußt trotzend, mitten auf einer Verkehrsinsel steht und drei verschiedene Religionen beherbergt, während um ihn herum achtlos das Verkehrschaos tobt. Auf der einen Seite des Baums ist ein christliches Kreuz aus weißem Gips angebracht. Auf der anderen Seite befindet sich ein kleines Bild des elefantenköpfigen hinduistischen Schutzgottes Ganesha. Und auf dem kleinen Altar aus Beton an der dritten Seite legen die Muslime den Koran ab, wenn sie zu Allah beten.

Zu unseren besten Seiten gehört die Toleranz, daß wir drei Religionen an einem Baumstamm nebeneinander bestehen lassen können, weil die indische Kultur in ihrer Hochform wie ein riesiger Schwamm ist, der alles aufsaugt, während Puristen verzweifelt den Kopf schütteln. Andere Kulturen waren bestrebt, die Einflüsse fremdländischer Dämonen von ihren Gestaden fernzuhalten, Indien hingegen bekundete zu allen Zeiten großes Interesse für fremde Dämonen, und diesem Interesse kam nur die Fähigkeit gleich, sie einzubürgern.

Es ist, als ob wir uns gar nicht vorstellen könnten, daß eine andere Kultur stark genug wäre, um uns zu zerstören. Anders als China und Japan hat Indien die Tore zur Außenwelt nie versperrt, und vielleicht verdanken wir diesem Umstand ein besonderes Durchhaltevermögen. Japan war das geheimnisvolle Königreich, die undurchdringliche Kultur – aber was ist aus den Kimonos geworden? Wir in Indien tragen unsere Saris und Dhotis immer noch, nicht etwa weil wir verbohrte Chauvinisten wären, sondern weil dies nun einmal unsere Art ist, uns zu kleiden. Und immerhin konnte es noch in den dreißiger Jahren vorkommen, als der imperialistische Tanz bereits in vollem Gange war, daß ein indischer Beamter des britischen Empire gefeuert wurde, wenn er in seiner traditionellen Kleidung im Büro erschien.

Wenn ich heute in Rajpur an Hauswänden aus dem 16. Jahrhundert Bilder des Gottes Krischna sehe, wie er seine Flöte nicht vor einer Herde Kühe auf der Wiese spielt, sondern auf dem Rücksitz eines Rolls Royce, stelle ich beruhigt fest, daß die indische Kultur lebendig ist wie eh und je, daß Krischna weiter seine Flöte spielen wird, egal ob auf freiem Feld, in einem Rolls Royce oder an Bord einer Rakete.

Wenn ich mir dann wieder die anderen Völker auf unserem Planeten anschaue, wie sie Hals über Kopf auf das Roboterzeitalter zusteuern, frage ich mich zuweilen, ob die Sirenen aus Disneyland in unseren Ohren genauso verführerisch klingen und wir uns in bequemer Gleichförmigkeit einrichten werden. Als Beispiel für solche Anwandlungen von Zweifel beschreibe ich eine Begebenheit, die fünfundzwanzig Jahre zurückliegt und die ich damals für das Ende der indischen Kultur hielt.

Ich suchte das säulenverzierte Gebäude in Delhi auf, in dem der Staatliche Indische Rundfunk saß, der damals wichtigster Förderer der indischen Kultur nach der kurzen Schirmherrschaft der Künstler Indiens.

In dem Gewirr von Aufnahmestudios verlief ich mich und betrat den falschen Raum. Dort saß eine junge Frau hinter einem stählernen Pult in einer schallisolierten Kabine. Ihre Haare bedeckte ein Spitzenschleier. Mitten auf der Stirn trug sie ein glasiertes Schmuckstück, das von einem Perlenband festgehalten wurde. Unter den seidenen Falten ihres Schleiers lugte ein Paar große goldene Ohrringe hervor und schwang hin und her, während sie sang. Ihre Kleidung und ihr Gesang ließen darauf schließen, daß sie eine *mushaira* war, ein Mädchen, das von klein auf im Singen und Dichten unterrichtet wurde mit dem Ziel, daß sie später einmal zynische Ästheten mit ihrer Fähigkeit beeindruckte, aus jedem beliebigen Satz eine Gedichtstrophe zu machen und sie mit immer neuen Melodien vorzutragen, ohne sich dabei ein einziges Mal zu wiederholen.

In ihrer Ausbildung sollte sie lernen, ein Publikum zu beherrschen; Katalysator ihrer Kunst war der Dialog mit dem Publikum. Doch die Zeiten hatten sich geändert, und so saß sie nun in ihrer ganzen prächtigen Aufmachung in einem Studio auf einem Holzstuhl, anstatt auf einem buntgewebten Teppich gegen Kissen gelehnt, und richtete ihren verführerischen Gesang an ein Mikrophon, das von den schallisolierenden Platten an der Decke baumelte, während ihre mit Kajal umrandeten Augen verzweifelt Blickkontakt mit dem Aufnahmeleiter in seiner gläsernen Kabine suchten. Doch der war nur auf seine Schaltknöpfe konzentriert, nicht auf sie, und sie sang mit klagender Stimme:

Die Welt spricht von Dauer,
doch als ich zur Stätte der Einäscherungen ging,
kreuzte ein Bräutigam meinen Weg.

Hätte sie ihr melancholisches Lied unmittelbar vor einem Publikum gesungen, wäre sie mit Geld und Komplimenten überschüttet worden. So wirkte es nur künstlich. Eine Kunstform, die sich aus dem Dialog speist, war auf ein narzißtisches Schauspiel reduziert worden.

Etwas so Unstimmiges wie eine *mushaira*, die in einer schallisolierten Kabine singt, widerspricht vollkommen der indischen Kultur, weil nach unserer Überzeugung Kunst nicht darin besteht, daß jemand sein Talent einem passiven Publikum vorführt, sondern den Augenblick verkörpert, in dem der Künstler, das Publikum, das Thema und die Regeln zusammenwirken in einem gleichsam religiösen Erlebnis: Es ist ein Augenblick gemeinsamer Schöpfung.

Einer der größten indischen Sitarspieler hat erzählt, wie er lernte, den Bhairav, ein Morgenlied, mit dem der neue Tag angekündigt wird, so zu spielen, daß das Publikum diesen Schöpfungsakt miterlebte. Der Bhairav ist eine musikalische Meditation über den Schritt von der Dunkelheit zum Licht, eine Hymne auf die Wiedergeburt des Tages als Wiedergeburt des Geistes. Der *raga* besteht nur aus einer Tonleiter, und die Meisterschaft des Musikers erweist sich darin, was er aus der Tonleiter macht, wie er nur mit einer Handvoll Töne mehr als eine Stunde improvisiert.

Die Erzählung des Sitarspielers über die Unterweisung im Spiel mit dieser Handvoll Töne zeigt auf anschauliche Weise, wie ein indischer Künstler seine Kunst erlernt. Er und seine Mitstudenten standen um halb vier Uhr morgens auf. Um halb fünf hatten sie auf ihren Plätzen im Hof vor dem Haus des Gurus zu sein, wo dieser bereits auf sie wartete, eine bronzene Öllampe neben sich. Die Schüler setzten sich ihm gegenüber auf weiße, über die Steine gebreitete Tücher, ihre Instrumente auf der linken Schulter balancierend, und jeder wollte sich als Wunderkind hervortun. Der Guru forderte einen nach dem anderen auf, die erste Note des *raga* zu spielen. Die Schüler hielten das für eine Art Aufwärmübung und begannen bereitwillig. Doch der Guru ließ sie dieselbe Note immer wieder spielen. Drei ganze Stunden jeden Morgen durften sie nur diese eine Note spielen, und der Guru lehrte sie dabei, den Sinngehalt eines ganzen *raga* in einen einzelnen Ton zu legen.

Jeden Monat erlaubte er den Schülern, ihrem Repertoire einen weiteren Ton hinzuzufügen, und schließlich begriffen sie, daß sie in diesem Unterricht nicht lernten, wie man Musik spielt, sondern wie man meditiert. Nach acht Monaten durften sie die gesamte Tonfolge spielen, und es dauerte noch einmal zwei Jahre, bis der Guru seinem begabtesten Schüler erlaubte, den ganzen *raga* vorzutragen. In seinem Bericht über diesen ersten Vortrag sprach der große Sitarspieler davon, wie die harten Stunden, in denen er zwei Jahre lang lernen mußte, seinen Geist zur Ruhe zu bringen, auf jede Note zu hören, als wäre sie der allererste Ton, sich auf den Übergang vom Dunkeln zum Hellen – in den verschiedenen Jahreszeiten – zu konzentrieren, ihm ein über seine Person oder sein Talent hinausreichendes Verstehen vermittelt haben, das er nun durch seine Musik dem Zuhörer weitergeben konnte: eine religiöse Bewußtheit, die er mit seinem Publikum zu teilen vermochte.

Das gleiche Anliegen bewegte die Künstler, die einst Steinskulpturen schufen, die großen erotischen Tempel erbauten oder Bronzestatuen gossen. Ihre herausragende Meisterschaft läßt sich daran ermessen, daß ihre Kunst noch Jahrhunderte später in kultischen Handlungen verehrt und nicht bloß bewundert wird.

Heute übt die Regierung nicht mehr die totale Kontrolle über Radio und Fernsehen in Indien aus, wie sie es vierzig Jahre lang tat. In gewissem Sinne ist die künstlerische Freiheit damit größer geworden, aber an die Stelle des lebendigen Dialogs zwischen Künstler und Publikum ist der Monolog von Schallplatte, Radio, Fernsehen getreten. In der neuen Medienwelt sind Stars gefragt, nicht Künstler, und das Publikum heute will Erregung, nicht Meditation. Kann die traditionelle indische Kultur auf Dauer der doppelten Herausforderung durch elektronische Kommunikationsmittel und Marketing widerstehen, wenn junge Inder zu Musikgemischen wie Indi-Pop und Bhangra-Rock tanzen, Bauern auf dem Land Mobiltelefone besitzen, am Himmel über uns Satelliten kreisen, und unsere Städte durch Datenautobahnen verbunden sind?

Es bleibt nur zu hoffen, daß wir uns der Herausforderung stellen und auch in Zukunft ein Leben jenseits der abgeschlossenen Welt von Aufnahmestudios und Museen führen. Wenn nicht, stecken wir in Schwierigkeiten. Bewahren ist nicht unsere Stärke. Es geht uns hier wie mit dem Verfall: Wir wissen kaum, daß es so etwas überhaupt gibt.

Und doch enthält der Verfall in Indien so viel Fruchtbarkeit, daß man künftige Reize schon ahnen kann. Verfall riecht für uns eher nach Komposthaufen als nach Friedhof, waren wir doch allezeit überaus erfinderisch in dem Bemühen, dem Fortschritt ein menschliches Maß zu geben.

Ein Anthropologe erzählte mir einmal von einem Massenverlöbnis in einem Wüstengebiet im Westen Indiens, das er miterlebt hatte. Fünfzig Mädchen, Angehörige eines Nomadenstammes, sollten mit fünfzig Jungen von einem anderen Stamm verbunden werden. Dahinter stand der Gedanke, daß die Kinder später, als Erwachsene, nicht in der Wüste würden umherziehen müssen auf der Suche nach einem passenden Ehemann oder einer passenden Ehefrau, da so bereits für ihr künftiges Familienleben gesorgt war.

An jenem Abend trugen die Eltern zu dem festlichen Anlaß ihren traditionellen Juwelenschmuck, und der Anthropologe war gekommen, weil er festhalten wollte, wie sie sich schmückten: mit Kugeln aus getriebenem Silber, die mit dicken, kunstvoll geformten Silberketten im Haar befestigt waren. Aber die Kinder wollten etwas mehr Power. Die silbernen Ketten und Kugeln der Väter interessierten die Söhne herzlich wenig, sie trugen Glühbirnen auf dem Kopf und elektrische Christbaumbeleuchtung samt Batterien am Gürtel. Die Mädchen waren begeistert, und die Wüste leuchtete in allen Farben. Und der Verhaltensforscher aus der großen Stadt begriff, wie herablassend seine Einstellung war: Bis zu jenem Abend hatte er die Nomaden nicht als Menschen betrachtet, sondern lediglich als Träger bestimmter Stammesmerkmale.

In Indien müssen wir uns immer noch daran erinnern, daß die Menschen Individuen sind und nicht nur Daten in anthropologischen oder ökonomischen Statistiken. Die Welt lebt schon so lange unter dem Joch der malthusianistischen Prophezeiungen, daß schon der Begriff »indische Bevölkerung« ein Schimpfwort ist und gleichgesetzt wird mit Bevölkerungsexplosion, wenngleich sich nichts als so schädlich für das moderne Indien erwiesen hat wie die Besserwisserei der modernen Ökonomen aus den Herrenrassen mit ihrer nackten Angst vor den Armen. Sie sprechen es nicht aus, aber es ist unübersehbar, daß sie die Armen aus Angst als Untermenschen betrachten, die man zwingen muß, sich der Logik der Wirtschaft zu fügen.

Tatsache ist, daß Indien, selbst wenn die Hälfte von uns tot umfiele und das Bevölkerungswachstum von einem Tag auf den anderen aufhörte, sich nicht in eine keimfreie Vorstadt, in ein zweites Singapur verwandeln würde. Indien ist nun einmal ein Kontinent und keine Stadt – ein Kontinent, der trotz der eigenen Trägheit, trotz der Schwerfälligkeit seines riesigen bürokratischen Apparats, trotz der Korruptheit seiner Führer, trotz der jahrhundertealten institutionalisierten sozialen Ungerechtigkeiten die Propheten des Untergangs häufiger widerlegt als bestätigt hat.

Es wurde uns gesagt, wir könnten niemals als Demokratie überleben, denn hungrige Menschen hätten keine Vorstellung von Freiheit. Ich habe einmal gehört, wie Malcolm Muggeridge, ein britischer Verfechter des Humanitätsgedankens, im britischen Fernsehen sagte: »Menschen, die nichts im Bauch haben, wissen nicht, was Demokratie bedeutet.« Glücklicherweise nahm an der Sendung auch ein ehemaliger britischer Außenminister teil und brach eine Lanze für Indien, als er kurz und bündig erklärte, wenn er so etwas höre, würde er »am liebsten kotzen«.

Und für diejenigen, für die Statistiken eine Art Fetisch sind, hier ein paar Zahlen, die die Unkenrufe der Pessimisten widerlegen: Indien gehört zu den zehn führenden Industrieländern der Welt. Jedes Jahr verlassen bei uns fünf Millionen junge Menschen mit einem Abschluß die Universitäten. Wir haben ein Raumfahrtprogramm, das den Programmen vieler westeuropäischer Länder überlegen ist. Und am allerwichtigsten: In puncto Nahrungsmittel sind wir Selbstversorger.

Allerdings haben diese Zahlen auch eine Kehrseite. Wir sind

danach zwar Selbstversorger, aber wir haben Schwierigkeiten, die Nahrungsmittel auch wirklich zu den Hungrigen zu bringen. Der großen Zahl von Hochschulabsolventen steht kein entsprechendes Stellenangebot gegenüber. Wir können zwar Satelliten ins All schicken, aber wir haben Defizite auf der Erde bei der Bewässerung und Stromversorgung.

Selbst dem flüchtigen Blick des Besuchers dürfte nicht entgehen, daß die Vielfalt der Vergangenheit Indiens mehr als aufgewogen wird durch die ungeheure Komplexität der Gegenwart, daß die Probleme des Landes unendlich viel komplizierter sind als die eingleisigen Lösungsvorschläge unserer politisch Verantwortlichen und der ausländischen Experten. Mahatma Gandhi, den viele Inder als Vater der Nation bezeichnen, sagte einmal, jede Lösung für Indiens Probleme sei bestenfalls für zehn Jahre gültig. Nun haben wir diese Zeitspanne bereits fünfmal als unabhängiges Land überlebt und genießen immer noch die Privilegien der Freiheit – geheime Wahlen, eine freie Presse, eine unabhängige Rechtssprechung.

Wir haben die Brücken zu unserer Vergangenheit nicht verbrannt mit dem fadenscheinigen Argument, nur die Zerstörung der Vergangenheit werde uns eine Zukunft sichern. Wir haben uns auch nicht zu genereller institutioneller Härte hinreißen lassen mit dem gleichermaßen fadenscheinigen Argument, nur Grausamkeit gegenüber den heutigen Menschen könne zukünftigen Generationen ein Utopia ermöglichen.

Und trotz allem schreitet Indien weiter voran, beladen mit einer riesigen Bürde widersprüchlicher Realitäten.

Haben wir Glück gehabt? Oder haben wir unsere Sache besonders gut gemacht? Wer weiß das schon?

Die Inder wissen es nicht. Sie zucken nur die Achseln und sagen: »Das ist Bharat. Das ist Indien.«

# *Teil II*

# 4
# *Die Armut verbannen*

Sie haben doch bestimmt am Stadtrand von Delhi die Menschen gesehen, die da auf der großen Müllhalde herumwühlen«, bemerkte der indische Papiermagnat.

»Die Bettler, die nach etwas Eßbarem suchen?« fragte ich. »Natürlich habe ich sie gesehen.«

Aber das war auch schon alles. Ich hatte sie entdeckt und mich sofort wieder abgewendet, hatte mir die Nase zugehalten, obwohl die Autofenster geschlossen waren und am Straßenrand neben der vierspurigen Autobahn üppige Bougainvilleas blühten, die eineinhalb Quadratkilometer übelriechenden Unrats mit darüber kreisenden Geiern verbergen sollten.

»Das sind keine Bettler«, korrigierte mich der Papiermagnat. »Das sind Lumpensammler, sie beliefern uns mit Rohmaterial für die Papierproduktion.«

Ich war fassungslos. »Soll das heißen, daß Sie die Leute gegen Bezahlung eine so menschenunwürdige Arbeit verrichten lassen? Daß Sie sie einstellen, damit sie so leben?«

»Natürlich habe ich sie nicht angestellt«, sagte er leicht indigniert. »Sie sammeln Lumpen und verkaufen sie an einen Unternehmer. Wenn Sie nach einer passenden Bezeichnung suchen, könnten Sie am ehesten sagen, diese Menschen arbeiten selbständig.«

Nun gut, sprechen wir über die nicht hinnehmbaren Wurzeln des Kapitalismus.

»Eigentlich ist es nur eine Weiterentwicklung der Arbeit, die sie immer schon getan haben«, erklärte der Papiermagnat freundlich. »Das sind alles Unberührbare. Straßenkehrer.«

Ich wurde neugierig auf diese Selbständigen, die so offensichtlich ihr Leben selbst in die Hand genommen hatten, stieg aus und ging auf die winzigen Gestalten inmitten der grauen Müllandschaft zu. Noch immer hielt ich mir mein Taschentuch vor die Nase, aber es schützte mich nicht vor dem stinkenden Treibsand unter meinen Füßen. Warum hatte ich mir nicht klargemacht, daß eine Müllhalde kein fester Untergrund war? Daß ich in den Überbleibseln von Todesfällen, Hochzeiten, Verwaltungsvorgängen, Krankenhausabfall einer Neun-Millionen-Stadt versinken würde?

Unterhalb der Müllhalde floß der heilige Fluß Jumna. Auf dem gegenüberliegenden Ufer zeichneten sich die Zinnen des Roten Forts ab, wo einst gelangweilte Mogulkaiser in ihren marmornen Windpavillons die kühle Abendbrise genossen hatten, während unten am Flußufer ihre Untertanen spazierengingen. Von einem Kaiser ist der wohlige Seufzer überliefert: »Wenn es ein Paradies auf Erden gibt, dann ist es hier, an dieser Stelle.«

Heute steht links von den Zinnen ein Elektrizitätswerk, das dunklen Rauch in die Luft speit und die Müllhalde mit dem uniformen Grauschleier von schmutzigem Flanell überzieht. Ich wagte nicht, nach unten zu sehen, um festzustellen, was sich da um meine Beine schlang, während ich bis zu den Knien in den weichen Abfall einsank. So bahnte ich mir einen Weg zu einer schmächtigen Frau in einem kurzen, bäuerlichen Rock und einer zerschlissenen Jacke. Nach ihrem Aussehen war sie mittleren Alters, aber sie hätte auch gut erst in den Zwanzigern sein können. In einer Hand hielt sie einen langen Eisenstab, der unten zum Haken gekrümmt war; damit stocherte sie im Müll herum. Ein Stück weiter weg sammelten Menschen rostige Eisenteile und fleckige Lumpen. Kinder, deren Köpfe kaum über den Müllberg hinausreichten, arbeiteten neben ihnen.

Die Frau wirkte erschöpft und musterte mich mißtrauisch, als ich sie begrüßte. Hatte mich die Regierung geschickt, um sie von der Müllhalde zu vertreiben? Oder war ich eine Wohltäterin und wollte ihr die Kinder wegnehmen, die ihr kärgliches Scherflein zum Lebensunterhalt der Familie beitrugen? Sie schien beruhigt, als sie merkte, daß ich nur neugierig war, und stützte sich müde auf ihren Eisenstab, während sie meine Fragen beantwortete.

Woher kam sie?

Aus Rajputana. Sie verwendete die alte Bezeichnung für das Land der Herrscher.

Hatte sie schon immer auf diese Weise gearbeitet?

Natürlich nicht. Sie war in die Stadt gekommen, nachdem ihr Mann nach sieben aufeinanderfolgenden Dürrejahren ihr Land an einen Geldverleiher hatte verkaufen müssen. Sie war eine Bhoomiya.

Ich schaute sie überrascht an. Die Bhoomiya sind Fährtensucher. Früher führten sie Reisende durch die Wüsten und Dschungel von Rajputana – sie kannten jede Quelle, jede eßbare Pflanze, jedes Heiligtum. Man entlohnte sie mit Ackerland, das ihre Familien bebauten, während sie Reisende sicher zu ihrem nächsten Ziel geleiteten – bis Züge, Busse und Telefone ihre Dienste überflüssig machten.

Unterdessen waren die anderen Lumpensammlerinnen argwöhnisch näher gekommen und bildeten einen Kreis um uns. Meine Anwesenheit hatte ihre Neugier geweckt. Nun mischten sie sich auch in das Gespräch ein. Ein kleiner Junge wurde von seiner Mutter nach vorne geschoben.

Er sei ein Bhat, sagten sie, also einer aus der Gemeinschaft der Sanger, die einst eine mythische Macht über die Könige besessen hatten. Nur die Bhats durften den Stammbaum der Herrscher rezitieren und Heldentaten in epischen Gedichten verewigen, die im ganzen Land vorgetragen wurden.

»Einmal haben wir mit unserem Vortrag eine königliche Krönungszeremonie eröffnet«, sagte die Frau und gab dem Kind einen zärtlichen Klaps auf den Kopf. »Jetzt schauen Sie sich an, was aus meinem Kind geworden ist. Wir bringen ihm die historischen Gedichte bei, weil sie sonst in Vergessenheit geraten würden. Und beim Lumpensammeln sagt er sie laut auf, um die Geier zu verscheuchen.«

Ich dachte an die beiläufige Bemerkung des Papierfabrikanten, diese Menschen seien ursprünglich Straßenkehrer gewesen und aus freien Stücken Lumpensammler geworden. Da stand ich nun knietief im Müll von Indiens Hauptstadt und hörte die Geschichten von Menschen, die es aus allen Teilen des Landes hierher verschlagen hatte.

Eine Frau stammte aus einem Fischerdorf an einem Fluß in Ostindien. Nach einem schweren Monsunregen war der Fluß stark angeschwollen, über die Ufer getreten und hatte ihr Dorf überschwemmt. Sie und ihr Mann hatten daraufhin Steine für den Straßenbau geschleppt, wo immer gerade eine neue Straße angelegt wurde. Und so waren sie quer durch Indien bis in die Hauptstadt gekommen – mehr als 1500 Kilometer von ihrem Heimatdorf in dem üppig grünen Delta entfernt.

Zwei Mädchen erzählten mir, sie gehörten zu einem Stamm in Mittelindien. Die dichten Dschungelwälder waren früher die Lebensgrundlage des Stammes gewesen, doch dann kamen erst die Holzhändler und danach die Steinbrucharbeiter und zerstörten sie. Die Eltern hatten die beiden Mädchen an einen Mann verkauft, der billige Arbeiter für die Baustellen in der Stadt suchte. Als die Bauten fertig waren, überließ er sie ihrem Schicksal, und sie wußten nicht, wo sie ihre Eltern jetzt suchen sollten. Die Eltern lebten an einem unbekannten Ort als Zwangsarbeiter.

Ein anderes Mädchen berichtete schüchtern, ihr Vater sei Holzschnitzer gewesen. Nach drei schweren Monsunregen hintereinander hatten die Dorfbewohner kein Geld mehr und konnten seine Schnitzarbeiten nicht mehr bezahlen. Um seine Familie zu ernähren, mußte der Vater seine Werkzeuge verkaufen – eines nach dem anderen, bis er kein einziges mehr besaß. Sie waren von einem Dorf zum anderen gezogen und hatten Arbeit gesucht, und nun war der Vater in der Hauptstadt als Steinmetz beschäftigt.

»Haben Sie nicht bemerkt«, fragte mich die Frau, die ich zuerst angesprochen hatte, »daß hier keine Männer sind? Während wir anderer Leute Abfall durchwühlen, schleppen unsere Männer Steine für die neue Autobahn. Das ist in den letzten fünf Jahren aus uns geworden.«

»Was ist vor fünf Jahren passiert?«

»Haben Sie denn nichts von dem Programm zur Bekämpfung der Armut gehört?«

Natürlich hatte ich davon gehört, genau wie jeder andere Inder während Frau Indira Gandhis Amtszeit als Premierministerin.

In den siebziger Jahren wurde die Botschaft BEKÄMPFT DIE ARMUT überall im Land auf Spruchbändern, Reklametafeln, Plakaten und Sprühschriften auf Hauswänden verkündet. Wie hätte das jemand übersehen können? Aber wieso hatte die Botschaft die Menschen hier auf die Müllhalde gebracht?

»Die Politiker sagten, sie würden die Armut beseitigen und uns Arbeit geben, deshalb haben wir für sie gestimmt. Aber als wir dann hierhergekommen sind, wollten sie nichts mit uns zu tun haben. Wir haben es geschafft, für uns selbst zu sorgen, indem wir auf Baustellen gearbeitet haben. Wir haben Ziegel geschleppt, Beton gemischt. Wir lebten in Hütten, die aus dem Abfall anderer Leute gebaut sind. Und dann haben die Politiker da oben beschlossen, daß Delhi schön aussehen muß. Und aus dem Motto BEKÄMPFT DIE ARMUT wurde BEKÄMPFT DIE ARMEN.«

Sie blickten sich lachend an. »Die Armen sehen nicht schön aus, schauen Sie nur uns an. Während wir hier gearbeitet haben, sind die Planierraupen gekommen und haben unsere Hütten mit unserer ganzen Habe niedergewalzt. Uns haben sie mit Bussen in eine Gegend fünfzig Kilometer außerhalb der Stadt verfrachtet, wo es keine Arbeit gibt. Und kein Wasser. Nichts zu essen. Kein Dach über dem Kopf für unsere Kinder. Dann haben wir diese Arbeit gefunden. Wenigstens bekommen wir so etwas in den Magen. Das verdanken wir ihm.«

»Wem?«

Sie deuteten auf die andere Seite der vierspurigen Straße. »Dem Unternehmer.«

Hinter einem hohen Wall rosafarbener Bougainvilleas stand eine Hütte – zwei über Stangen gespannte Segeltuchplanen boten notdürftig einem Bett Schatten, das aus einer ausrangierten Holztür und einer fadenscheinigen Baumwolldecke bestand. Ich bahnte mir einen Weg zwischen Müllhaufen und großen Rohrkolben hindurch, die ihnen ein fast elegantes Aussehen verliehen. Der ländliche Eindruck wurde noch verstärkt durch ein paar mauzende Welpen, die eng aneinandergekuschelt auf einem Bündel Lumpen lagen. Beim Näherkommen konnte ich verschiedene Sorten von Müll unterscheiden: Plastik und Kunststoff bildeten einen Haufen, Lumpen einen zweiten, Glasscherben einen dritten, Metallschrott einen vierten.

Ein Transistorradio übertönte den Verkehrslärm mit plärrender populärer Filmmusik. Der Unternehmer bat mich herein. Er war ein aufgeweckt wirkender Flüchtling aus einem Zwangsarbeiterlager in Bihar, der Glück gehabt hatte. Eine Viertelmillion Zwangsarbeiter hatte nicht soviel Glück wie er, sie schufteten, ohne einen Lohn zu bekommen, mit dem sie ihre Schulden hätten bezahlen können. Irgendwie war es dem Unternehmer gelungen, dem Geldverleiher zu entkommen, der von ihm die Rückzahlung eines Kredits seines Großvaters forderte. Sein Vater und er hatten mit den exorbitanten Wucherzinsen bereits ein Vielfaches des Kredits zurückgezahlt, aber weil die Zinsen so hoch waren, gab es keine Aussicht, daß sie die Schulden jemals abtragen konnten.

Der Unternehmer hatte sogar ein eigenes Haus: Nummer 357 in einer Behelfssiedlung. Eigentlich war es nur eine Lehmhütte, aber er sprach von »seiner Wohnung«, und genauso stolz bezeichnete er die Bretterbude auf dem Müllplatz als sein »Büro«.

»Ich weiß, ich handle mit Müll«, sagte er beschämt. »Aber Müll ist meine Lakshmi, meine Göttin des Reichtums. Wenn ich hier weggehe, können die Lumpensammler ihre Sachen nicht mehr bei mir abliefern. Viele geben jetzt schon ein Drittel ihres Tagesverdienstes für den Bus aus, mit dem sie hierherfahren. Das ist bei dem Regierungsprogramm gegen die Armut herausgekommen. Ich gebe den armen Teufeln Kredit. Aber ich habe zu viele Schuldner. Viele können mir mein Geld bestimmt nie zurückzahlen. Dann werde ich selber wieder Lumpen sammeln müssen.«

Der Unternehmer war zwar nun selbst Geldverleiher, aber über ihm schwebte wie ein Damoklesschwert die Aussicht, wieder auf die Müllhalde zurückkehren zu müssen. Sein »Büro« hatte er ohne Genehmigung gebaut. Jeden Moment konnten die Planierraupen der Regierung auftauchen.

Jenseits des städtischen Abfalls erstreckten sich Felder mit frischem Weizen und das Grün gepflegter Rasenflächen. Ich sah verschleierte Frauen in leuchtend bunten langen Röcken, die Messingtöpfe auf dem Kopf balancierten und zu einem Brunnen gingen. Malerisch gekleidete Bauern mit Turbanen führten Ochsen oder luden Heu auf hohe hölzerne Karren. Dieses heitere Bild ländlichen Lebens war der Taschenspielertrick, mit dem Indien sogar noch die Armut erträglich machen konnte. Doch in Wahrheit genügten nur ein paar kleine Mißgeschicke, und die pittoresken Bauern müßten sich den gesichtslosen Entwurzelten auf der anderen Seite der Straße anschließen und versuchen, ihren Lebensunterhalt von dem dampfenden grauen Abfallhaufen zu bestreiten.

Wie viele Geschichten von gescheiterten Leben gab es hier wohl? Ich fragte einen Beamten des Gesundheitsdienstes, der regelmäßig zu den Slumbewohnern kam. Zuerst wiederholte er die offiziellen Sprüche der Regierung: Die Lumpensammler leisteten einen wertvollen Beitrag zur Wiederverwertung von Abfall. Auf mein Drängen räumte er schließlich ein: »Wir sind nicht in der Lage, die Leute zu zählen, die allein in Delhi vom Abfallsammeln leben, geschweige denn im ganzen Land. Vielleicht sind es Hunderte, vielleicht auch Tausende, so richtig weiß das niemand. Eigentlich hat auch noch keiner versucht, die genaue Zahl herauszufinden. Es ist eine dahinströmende, gesichtslose Masse. Aber wenigstens haben sie das. Sie tun etwas. Sie betteln nicht.«

Ein für die Stadthygiene zuständiger Beamter sprach offener mit mir. »Wir Inder sind schon großartig! Es ist uns zur zweiten Natur geworden, daß wir Lebensverhältnisse, die der menschlichen Würde spotten, ohne weiteres bei anderen hinnehmen, solange wir nur selbst nicht betroffen sind. Diese Menschen würden nicht Dreck sammeln und verkaufen, wenn die Regierung andere Arbeit für sie hätte. Aber die Regierung gibt lieber Unsummen dafür aus, daß jeder Inder ihre Schlagwörter mitbekommt.«

Und er fügte hinzu: »Stellen Sie sich vor, das Geld, das man für solche Kampagnen braucht, würde dafür ausgegeben, menschenwürdige Arbeitsplätze für diese Leute zu schaffen.«

# 5
## *Die Wohltätigkeit verbannen*

»Wann bekommst du dein nächstes Geld?« fragte mich eines Tages eine Freundin. Und sie fügte streng hinzu: »Und gib es dann auf jeden Fall mir.«

Ich richtete meinen Blick demonstrativ auf ihre Juwelen. »Warum soll ich dir das Geld geben?«

»Wir versuchen, ein paar Frauen aus der Zwangsarbeit loszukaufen.«

Ihre Unverblümtheit überraschte mich nicht so sehr, wie man hätte erwarten können. Ich wußte, daß sie in der Industriestadt Ahmedabad für ein Frauenprojekt gearbeitet hatte. Die Frauen dort verdienten ihren Lebensunterhalt unter Bedingungen, die nicht besser waren als die Müllhalde in der 1500 Kilometer entfernten Landeshauptstadt.

Mit einem Unterschied: Diese Frauen besaßen ihre eigene Bank.

In den frühen fünfziger Jahren, lange bevor »Feminismus« zu einem Schlagwort in der westlichen Welt wurde, hatten die ärmsten Frauen in Ahmedabad das bißchen Geld, das sie verdienten, wenn sie Müllhalden nach Brauchbarem absuchten, Handwagen zogen, Lumpen verkauften, Steine für den Straßenbau schleppten oder Ziegel in Weidenkörben auf dem Kopf beförderten, zusammengelegt und eine eigene Genossenschaftsbank gegründet. Sie nannten sich S.E.W.A. [Self England Women's Association], Vereinigung selbständiger Frauen.

Bei ihrer Bank konnten sie Darlehen aufnehmen und das Geld in solche Anschaffungen investieren wie beispielsweise Nähmaschinen, um Kleider zu nähen und zu verkaufen. Sobald eine Initiativegruppe ihr Darlehen zurückgezahlt hatte, konnte eine andere ein Darlehen aufnehmen und sich mit einem anderen

Kleinunternehmen unabhängig machen. Manche Frauen liehen sich auch Geld für eine Ausbildung, die sie später dazu befähigen würde, ihren eigenen kleinen Betrieb zu eröffnen. Wieder andere arbeiteten so weiter wie bisher, aber sie waren nicht länger Geiseln der Geldverleiher, die nur darauf warteten, daß sie aus der verzweifelten Situation der Frauen haushohen Profit schlagen konnten. Ihre eigene Bank schützte sie nun vor Ausbeutung.

Es war kein Zufall, daß S.E.W.A. in Ahmedabad gegründet wurde, der Hauptstadt des westindischen Bundesstaates Gujerat. Dort trafen nämlich die Handelsinteressen der britischen East India Company und die unternehmerischen Fähigkeiten der klugen Händler von Ahmedabad zusammen und machten die Stadt nicht nur zu einem Zentrum des Textilhandels, sondern auch der Gewerkschaftsbewegung. Um die Jahrhundertwende gründeten die Arbeiter in den vielen Spinnereien und Webereien die Vereinigung der Textilarbeiter, eine der ältesten und am besten organisierten Gewerkschaften in Indien; sie erfreute sich der besonderen Wertschätzung Mahatma Gandhis, dessen Ashram am Stadtrand lag. Vielleicht bewog die Nähe Gandhis die Tochter eines reichen Mannes dazu, die Arbeiter in der Textilfabrik ihres Vaters zu organisieren. Die Arbeitsbedingungen waren dort so schrecklich, daß die Arbeiter sie nur betrunken ertragen konnten und ihren ganzen Wochenlohn für billigen Fusel ausgaben, der an eigens am Zahltag vor den Fabriktoren aufgestellten Ständen verkauft wurde. Zu Hause verprügelten die Männer dann ihre Frauen, wenn diese um Geld baten, damit sie den Kindern etwas zu essen kaufen konnten.

Den Frauen war es verwehrt, in den vielen Fabriken der Stadt zu arbeiten, um ihre Kinder selbst zu ernähren. Die Beschäftigung von Frauen in gewerkschaftlich organisierten Betrieben in der Industrie blieb die Ausnahme. Auch heute sind nicht einmal vier Prozent der gewerkschaftlich organisierten Arbeitskräfte Frauen, und ihr Anteil schrumpft immer weiter, weil die Männer sie aus den abgesicherten Arbeitsverhältnissen herausdrängen. In Indien herrscht ein harter Konkurrenzkampf um die begrenzte Zahl fester Arbeitsplätze, von denen Millionen »Gelegenheitsarbeiter« träumen, die sich am Rande des Existenzminimums mühsam über Wasser halten. Die meisten Frauen und oft auch ihre Kinder gehören zu dem Heer unorganisierter Arbeitskräfte, die durch Dürre und Schulden ihr Dach über dem Kopf verloren haben und auf der Suche nach Arbeit vom Land in die Stadt wandern, wo sie jeder Art von Ausbeutung ausgeliefert sind.

Eine wachsende Anzahl freiwilliger Hilfsorganisationen, oft von Frauen geleitet, konzentriert sich auf das weite, sich ständig wandelnde Feld der Armut. Den verzweifelten Frauen in Ahmedabad wäre nur noch der Weg in die Prostitution geblieben, hätte sie nicht eine junge Frau aus der Mittelschicht namens Elaben Bhatt gedrängt, sich zusammenzuschließen. Die Vereinigung der selbständigen Frauen wurde 1952 gegründet. Heute hat sie 30 000 Mitglieder, die bei der S.E.W.A.-Bank in Ahmedabad 25 000 Konten besitzen.

Das Akronym S.E.W.A. bedeutet auf Hindi »Dienst«. Mittlerweile ist die Organisation mit Geschäftsstellen in ganz Indien vertreten. Im Norden hat sie isoliert lebenden Frauen aus orthodoxen Moslemfamilien ermöglicht, kleine Stickereimanufakturen einzurichten. Damit verdienen die Frauen so viel Geld, daß sie eine Ausbildung für ihre Kinder bezahlen und noch etwas beiseite legen können für den Tag, an dem ihre Ehemänner sie mit dem Wort »Talak« verstoßen. Im Süden von Indien hat S.E.W.A. Hindu-Frauen aus einer niederen Kaste geholfen, die Fesseln des Analphabetismus abzuschütteln und sich durch den Verkauf von Kunsthandwerk wirtschaftlich auf eigene Füße zu stellen. Ob in den Bergen im Osten oder in den Wüstengebieten im Westen, überall haben Gruppen der S.E.W.A. die Eigeninitiative und wirtschaftliche Unabhängigkeit von Frauen gefördert. Ihre Mitglieder haben eigene Kinderkrippen, Schulen und Ambulanzen eingerichtet, sie unterweisen sich gegenseitig in Hygiene, Geburtshilfe und Kinderpflege. Heute wird S.E.W.A. weltweit als ein Musterbeispiel für erfolgreiche Selbsthilfe vorgeführt, das in armen Ländern rund um den Globus

Nachahmung finden sollte. Und in Indien selbst gibt es inzwischen viele ähnliche Initiativen.

Eine Vereinigung nach dem Vorbild von S.E.W.A. wurde in Delhi von sechs Frauen gegründet, die in unterschiedlichen Kunsthandwerksbereichen arbeiteten. Sie beschlossen, ihre Erfahrungen in ein gemeinsames Projekt einzubringen und Kunsthandwerker zu unterstützen. Es ärgerte sie, daß das einzigartige Wissen und die besonderen Kunstformen, für die Indiens Handwerker berühmt waren, im Laufe der Zeit auf den nutzlosen Kitsch und Trödel reduziert wurden, den ignorante Zwischenhändler auf den Straßen der Städte für teures Geld als »typisch indisches Kunsthandwerk« an Touristen verkauften. Die sechs Frauen kamen zwar selbst aus reichen Familien, nannten aber ihre Organisation »Dastkar«, das bedeutet »jemand, der mit den Händen arbeitet«. Ihr Ziel war es, für Kunsthandwerker eine Möglichkeit zu schaffen, daß sie ihren Lebensunterhalt mit ihren Fähigkeiten verdienen konnten, anstatt zusehen zu müssen, wie billige Fabrikware sie arbeitslos machte.

Den Mitgliedern von Dastkar war bewußt, daß jede Region und jede Bevölkerungsgruppe in Indien, vom tiefsten Dschungel bis in die weltläufigste Großstadt, ihre eigene Handwerkstradition hat. Sie wußten, daß Kunsthandwerk Indiens zweitgrößter Wirtschaftszweig nach der Landwirtschaft ist und daß ein eigenes Ressort in der Regierung die Interessen der Kunsthandwerker vertritt, das Ressort für Handweberei und Kunsthandwerk. Früher, vor der Fließbandproduktion, wurden alle Gebrauchsgegenstände handgefertigt, und in den abertausend unterschiedlichen kulturellen Welten Indiens wurde eine riesige Fülle verschiedener, typischer Produkte hergestellt, die oft hochkomplizierte Arbeitsprozesse erforderten und vielen Frauen eine Möglichkeit gaben, ihren Lebensunterhalt zu verdienen.

Aber heute müssen sich die sorgfältig handgearbeiteten Gegenstände gegen Massenprodukte und Werbung behaupten. Nicht nur Stadtbewohner, sondern auch immer mehr Menschen auf dem Lande lassen sich von den Versprechungen der Fernsehwerbung blenden. Den Trägern von Dastkar war klar, daß alle Maßnahmen der Regierung nichts nützen würden und die Menschen nicht dazu bringen könnten, Dinge zu kaufen, die sie nicht kaufen wollten. Darum überlegten sie, wie sie den Handwerkern helfen konnten, unter veränderten Marktbedingungen zu überleben. Die Antwort lag auf der Hand: Sie brauchten kaufmännisches und Marketingwissen. Und genau das besaßen die Dorfbewohner nicht.

Da setzen die Mitarbeiter von Dastkar an: Sie beraten mit Kunsthandwerkern, wie sie ihre Produkte modernen Gebrauchsanforderungen anpassen können; sie bringen ihnen Buchhaltung und betriebswirtschaftliche Grundkenntnisse bei und zeigen ihnen Wege, wie sie preiswert Rohmaterial erwerben können; sie nehmen Kunsthandwerker, die niemals ein Stück außerhalb ihres Dorfes verkauft haben, in die Stadt mit, damit sie sich selbst ein Bild machen können, nach was die Konsumenten greifen. Kurzum, Dastkar versucht moderne Märkte zu erschließen, die eine Zukunftsperspektive bieten.

Die Freundin, die mich so unverblümt um Geld gebeten hatte, war ein Gründungsmitglied von Dastkar.

»Was sind das für Frauen, denen du helfen willst?« fragte ich sie. Kampflos würde ich mein Geld nicht hergeben, denn ich brauchte es für eine Reise in den Süden.

»Stammesangehörige und ihre Kinder. Sie leisten Zwangsarbeit in einer großen Seidenweberei und sind gewissermaßen an ihre Webstühle gekettet.«

Meine Reise in den Süden löste sich in einer Wolke von Schuldgefühlen auf.

»Viel ist es nicht«, entschuldigte ich mich, während ich Reiseschecks unterschrieb.

Sie steckte mein Geld ein und meinte sarkastisch: »Dollars bewirken in Indien eine ganze Menge.«

Ein paar Wochen später kehrte ich nach Europa zurück. Von meiner Freundin hörte ich nichts mehr.

Eineinhalb Jahre danach traf ich sie wieder bei einer ziemlich großen Dinnerparty in Indiens Hauptstadt.

Ich schlängelte mich zwischen Botschaftern und Geschäftsleuten hindurch, die angeregt über die Öffnung der indischen Wirtschaft diskutierten und die Frage erörterten, ob die Freisetzung der Marktkräfte Indien in einen weiteren »asiatischen Tiger« verwandeln würde. Schließlich stand ich neben ihr am Büffet.

»Ich bin noch nicht dazu gekommen, dir zu schreiben«, sagte sie ohne Anflug von schlechtem Gewissen. »Ich hatte so viel zu tun.«

Ich war schon etwas gekränkt. Immerhin hätte sie mir sagen können, daß mein Geld zu etwas Gutem beigetragen hatte. Ich wußte nicht, daß es bei ihrer Organisation nicht um Dankbarkeit ging, sondern um Hilfe zur Selbsthilfe. Und daß sie vierzig Gruppen im Land mit einem Kapital von gerade einmal 15 000 Dollar finanzierten.

Sie bemerkte meinen Unmut und wurde freundlicher. »Mit deinem Geld haben wir rund hundertsechzig Frauen und ihre Familien aus der Zwangsarbeit freigekauft.«

Ich war sprachlos. Schließlich hatte ich ihr nur ein paar hundert Dollar gegeben. »Hundertsechzig Frauen?«

»Was glaubst du denn«, fragte sie ärgerlich, »mit welch ungeheuren Summen die Frauen verschuldet sind? Zweihundert oder dreihundert Rupien, mehr ist es nicht.«

Nun wußte ich, was ein Menschenleben in Indien kostet. Eine Untersuchung des Indischen Instituts für Sozialwissenschaften über Zwangsarbeit hielt in spröden Zahlen fest, wieviel man aus seinem Geld machen kann. In einem einzigen Dorf im Norden des Landes hatte Bauer Minu fünfhundert Rupien (vierzehn Dollar) geborgt, um Lebensmittel zu kaufen, und siebzehn Jahre später arbeitete er immer noch die Zinsen ab. Bauer Nanda hatte hundert Rupien (knapp drei Dollar) geliehen und arbeitete nach zwölf Jahren immer noch ohne Lohn. Bauer Sukha arbeitete zehn Jahre für einen Kredit von zwanzig Rupien (fünfundsiebzig Cents). Für das Geld hatte er eine Holzkiste gekauft.

»Was machen die Frauen jetzt?« fragte ich meine Freundin, während sie das Angebot auf dem Büffet begutachtete.

»Sie wollen ihren früheren Besitzern Konkurrenz machen, und wir haben ihnen Geld gegeben, damit sie Webstühle kaufen und selber Seide weben können.«

Um zu ermessen, wieviel Mut ein solcher Schritt erfordert, muß man wissen, daß ihre früheren Besitzer, für die sie Zwangsarbeit geleistet hatten, skrupellose Männer waren, die Frauen kauften und ihnen gerade so viel zu essen gaben, daß sie und ihre Kinder weben konnten, während ihre Ehemänner irgendwo anders als menschliche Lasttiere ausgenutzt wurden.

Meine Freundin spießte mit der Gabel ein Hühnerbein auf und legte es auf ihren Teller. »Ich komme übrigens gerade aus Bombay. Dort haben wir eine Ausstellung mit Arbeiten dieser Frauen veranstaltet.«

»Habt ihr etwas verkauft?« fragte ich mit dem Interesse eines Geldgebers.

»Oh, es ging nicht ums Verkaufen, es wurden nur Modelle gezeigt, die man bestellen kann. Sie haben kein einziges Stück übrig zum Verkaufen. Die Stoffe der Frauen sind von so hoher Qualität, daß die Exporteure sie ihnen buchstäblich aus den Händen reißen.«

Sie knabberte an dem Hühnerbein und bemerkte offensichtlich gar nicht, wie ihr Bericht auf mich wirkte. »Inzwischen bieten ihnen die Männer, die sie zuvor als Arbeitssklavinnen gehalten haben, für ihre Waren doppelt soviel wie die Exporteure, weil die Qualität so außerordentlich gut ist.«

»Verdienen sie gut dabei?«

Sie nickte mit vollem Mund.

»Und was machen sie mit dem Geld?« hakte ich nach.

Sie wischte sich die Lippen ab. »Sie schicken ihre Kinder auf Privatschulen. Denn sie denken, wenn sie für die Ausbildung ihrer Kinder selber zahlen und sie nicht auf staatliche Schulen schicken, bekommen sie eine bessere Ausbildung.«

»Kann ich ihnen noch mehr Geld geben?«

Sie wurde ärgerlich. »Natürlich nicht. Sie wollen keine Almosen. Vor sechs Monaten haben sie dein Geld bis auf die letzte Rupie zurückgezahlt. Jetzt geben sie uns Geld, damit wir es an andere Frauen verleihen können. Fast genausoviel, wie du gegeben hast.«

Zwei Herren strebten zwischen uns hindurch dem Büffet zu, während sie über die Lage der indischen Wirtschaft klagten.

»Wir befinden uns in einem Teufelskreis der Armut«, sagte der eine und griff nach einem Teller.

»Unser Steueraufkommen wird nie so groß sein, daß es für unsere Bevölkerung reicht«, stimmte der andere zu. »Wir können nichts tun.«

Meine Freundin war schon weggegangen, sonst hätte sie den beiden Männern sagen können, daß sie sich irrten. Immerhin hatte sie mir soeben berichtet, wie aus hundertsechzig Zwangsarbeiterinnen innerhalb eines Jahres Wohltäterinnen – oder sollte ich lieber sagen Bankiers? – geworden waren. Und im Unterschied zu uns wußten sie nicht einmal, was diese Worte bedeuten.

# 6

# *Das Rad neu erfinden*

Das Spinnrad in der Mitte der indischen Fahne drückt aus, daß die Textilproduktion immer noch eine lebendige Kunstform in Indien ist und daß auch heute noch Meisterwerke produziert werden, die es mit den Leistungen der Vergangenheit ohne weiteres aufnehmen können. Aber es erinnert auch an die große Debatte, die in Indien über den zukünftigen Platz der traditionellen Handwerker geführt wird.

Zwei Geschichten aus der indischen Mythologie zeigen, was der Weber für Indien bedeutet. Die erste Geschichte handelt von der Muttergöttin des Subkontinents. Eines Tages nahm sie die Gestalt einer kosmischen Spinne an und begann ein Netz aus Baumwollfaden zu spinnen. Das Netz wurde größer und größer und bedeckte schließlich ganz Indien, aber die Göttin spann immer weiter. Schließlich wuchs ihr Netz über die Grenzen des Himalaya hinaus, und sie spann den Gott der Arier mit ein – einen Gott des Fortschritts und der Mechanisierung – und verband ihn so mit Indien.

Der Mythos von der indischen Spinnengöttin und dem arischen Gott der Maschinen sagt in geradezu unheimlicher Weise die Verbindung zwischen Europa und Indien voraus. Es mag sein, daß die Europäer ursprünglich wegen der Gewürze nach Osten kamen, aber innerhalb weniger Jahrzehnte waren sie fest in das Netz der indischen Textilherstellung verwoben. Bandana, Chintz, Musselin, Kattun – das sind alles indische Wörter, die indische Herstellungstechniken bezeichnen. Von den kostbaren Wandbespannungen aus Gold- und Silberfäden, die die Häuser europäischer Aristokraten schmückten, bis zu den bunten Halstüchern der Sklaven auf den Baumwoll- und Zuckerplantagen in Amerika, von den feinen Musselinstoffen, die für die Schärpen der Herrn in Nordafrika und die Turbane der Adligen im Türkenreich verwendet wurden, bis zu den Chintzbezügen, die englische Ladies als Möbelstoffe schätzten, während sie selbst zarte Baumwoll- und Batistgewänder trugen –, war die ganze Pracht der Stoffe in den Händen indischer Weber entstanden. Sie schufen so ungeheure Reichtümer, daß die europäischen Staaten um die Herrschaft über Indiens Textilproduktion Krieg führten. Schließlich gewannen die Briten die letzte und entscheidende Schlacht, und der Handel mit Stoffen aus Indien machte eine britische Handelsgesellschaft zum größten Handelsimperium der Welt – und das wiederum brachte jene Götter des Fortschritts, die Maschinen der Industriellen Revolution, nach Indien.

Die zweite Erzählung stammt aus dem großen Hindu-Epos *Mahabharata*. Eine schöne, tugendhafte Königin wurde von ihrem Ehemann im Glücksspiel an einen bösen König verspielt. Man schleppte die Königin als Gefangene in den Empfangssaal des bösen Königs, der dort auf seinem Thron saß, umgeben von seinen Edelleuten und Soldaten. Der König verlangte, seine Gefangene solle unter den lüsternen Blicken der umstehenden Männer nackt ausgezogen werden. Lachend begannen die Wachen, ihr die Kleider herunterzureißen. Die Königin weinte vor Scham und bat die Götter, ihre Ehre zu schützen. Und siehe da, je mehr Kleider die Wachen wegrissen, desto mehr Kleider kamen zum Vorschein. Die Wachen zogen und zerrten, aber sie stießen immer nur auf eine neue Schicht Kleider. Schließlich bedeckten Berge von Stoff die Säulen und Bögen des Empfangssaals und türmten sich bis zu der Kuppel über dem Haupt des Königs.

Gefangene Königinnen gehören zwar der Mythologie an, aber auch in der harten politischen Realität unseres Jahrhunderts spielte Stoff eine entscheidende Rolle. Die indischen Nationalisten verteidigten mit Stoff Indiens Ehre, Stoff war für sie »das Kleid unserer Freiheit«. Der Export von Rohbaumwolle aus Indien in die Spinnereien von Manchester und Lancaster beraubte die indischen Textilweber ihrer Einkommensquelle. Kleidung aus handgewebten Stoffen, die den mechanischen Webstühlen des britischen Empire zum Trotz produziert wurden, war die Uniform der Freiheitskämpfer. Später wurde sie zum Symbol für die Selbständigkeit eines unabhängigen Indien.

Ironischerweise waren die ersten Fabriken, die Inder nach dem Willen ihrer britischen Herren besitzen durften, Textilfabriken. Im Laufe der Jahrzehnte erlebte Indien dank der in diesen Fabriken entwickelten Technologie und des erwirtschafteten Kapitals einen so beachtlichen industriellen Aufschwung, daß es heute zu den zehn größten Industrienationen der Welt zählt.

Genau dieser Gegensatz – Handarbeit oder maschinelle Produktion, alte Tradition oder moderne Technik – macht Indien heute zu schaffen. Nicht wenige Inder sind der Ansicht, das Spinnrad in der Nationalflagge sei symptomatisch für alles Rückständige im Land. Ehemals hilfreiche Symbole im Kampf gegen Fremdherrschaft und Ausbeutung seien nunmehr gefährliche Anachronismen, und Reichtum könne nur durch zunehmende und immer effizientere Industrialisierung erzeugt werden. Doch achtzehn Millionen Inder leben von ihren Handwebstühlen, und weitere fünf Millionen verdienen ihren Lebensunterhalt als Handwerker in Bereichen, die zur traditionellen indischen Kultur gehören. Wie sollen sie dem Druck der modernen Wirtschafts- und Lebensweise standhalten? Und wenn der traditionelle Weg zu Beschäftigung und Einkommen versperrt würde, hätte Indien überhaupt eine Aussicht, dreiundzwanzig Millionen zusätzliche Arbeitsplätze schaffen zu können?

Vielleicht hält die Mythologie eine Antwort auf solche Fragen bereit, denn die Geschichte von der Spinnengöttin des indischen Subkontinents geht glücklich aus. Nachdem sie den fremden Gott der Maschinen in ihrem Netz gefangen hat, wird sie Mutter, Gemahlin und Tochter des Fortschritts. Die indische Weberei war wie die Spinnengöttin Mutter der indischen Industrie und Gattin der indischen Freiheitsbewegung. Die Chancen stehen gut, daß sie auch Erbin des Fortschritts in Indien wird. In der Vergangenheit war es jedenfalls so. Viele wissenschaftliche Erkenntnisse, die Zweigen der indischen Kultur den Todesstoß versetzten, stärkten die Textilindustrie. Die Farbstoffe, die Archäologen in Stoffresten aus der ältesten kulturellen Epoche Indiens – der Kultur im Industal – fanden, sind bis heute die Farben Indiens geblieben: Ocker, Rot, Schwarz und das legendäre Indigo. Experimente mit Pflanzenextrakten führten zur Erzeugung dieser alten Farben. Fünftausend Jahre später gaben Experimente, bei denen diese Farbpalette auf dem chemischen Weg wiedergewonnen wurde, den Anstoß zur Entwicklung der pharmazeutischen Industrie in Indien.

Indiens Weber nutzen zum Teil durchaus die Möglichkeiten der maschinellen Produktion. Aber Maschinen können die kulturelle Entwicklung nicht abbilden, und die indische Webkunst kann mit der indischen Kultur nur Schritt halten, weil die Kreativität der Weber für diese Spannweite groß genug ist.

Aus dem gleichen Wissen, das einst die kostbaren Brokatgewänder der Kaiser von China und Byzanz schuf, entstehen heute die Hochzeitsgewänder indischer Brautpaare. Die gleiche Kunstfertigkeit, mit der einst die Gewänder aus »gewebter Luft« für die römischen Kaiser hergestellt wurden – die vielgepriesenen Musselinstoffe, die den Körper Buddhas umhüllten, als er ins Nirwana einging, und die von den Mogulkaisern so phantasievolle Bezeichnungen erhielten wie »Morgentau« oder »Gewand aus rinnendem Wasser« – fließt heute in die Produktion der hauchzarten Musselinstoffe ein, die in Indien in der gnadenlosen Sommerhitze getragen werden. Auf die gleiche Fähigkeit, mit dem einst Reichtum in Schönheit verwandelt wurde, verlassen sich heute indische Bräute, wenn sie für ihre Aussteuer Stoffe wählen, die mit Goldgarn gewebt sind, so daß sie in Notzeiten den Stoff verbrennen und das Gold verkaufen können.

Meister der Webkunst bringen heute wie eh und je bunte Stoffe ohne den kleinsten Webfehler zu bestimmten Jahreszeiten als Zeichen ihrer Verehrung in die Tempel. Die muslimischen Weber und Sticker in Nordindien, die die neunundneunzig Namen Allahs in ihre Stoffe hineinweben, sehen keinen Widerspruch darin, daß sie auch Brokatgewänder für den Papst herstellen, denn in ihren Augen ist jeder Stoff eine Art Gebet.

Scharen heimatlos gewordener Weber, die die Industrialisierung aus ihren Dörfern vertrieben hat, weben ihr Heimweh in ihre Stoffe, und die Menschen, die sie kaufen, erwerben gewebte Erzählungen der Entwurzelung. Weber aus Nomadenstämmen stellen mit Webrahmen und Schiffchen Chroniken ihrer Wanderungen her – Arbeiten, die die Anthropologen hoch schätzen.

Das Wissen um Farben und Traditionen, die von Region zu Region und von Bevölkerungsgruppe zu Bevölkerungsgruppe anders sind – die Gelbtöne des Frühlings, der Weizenfelder und Senfernte im Norden, das Weiß und Elfenbein des südlichen Sommers, das Grün der östlichen Reisfelder und der Jahreszeiten der Sehnsucht, die dunklen Rosatöne und das Malvenblau des Islam, die indigoblauen Schatten, die vom Wüten des Monsun künden und von dem verspielten Gott Brindaban, die verschiedenen Schattierungen von Rot, die von der schwankenden Beständigkeit der Liebe erzählen, das Silber und Gold der Könige –, dies ist das Rohmaterial indischer Weber. Die Verbreitung bestimmter Muster und Bilder, die die Bedeutung der Farben und der Webarten unterstreichen – sie ergeben das kulturelle Reich von den Webern Indiens.

Das Paradox stellt sich so dar: Weltweite Massenproduktion scheint eine Lösung für das Problem der Armut zu sein, aber nur eine lebendige Kultur kann beständigen Reichtum erzeugen. Und während dreiundzwanzig Millionen Kunsthandwerker mit ihrem Lebensunterhalt auf die Kultur Indiens angewiesen sind, hängt die eigentliche Kultur Indiens davon ab, daß ihnen ein Auskommen ermöglicht wird.

Ohne unsere Kunsthandwerker würden wir uns nicht von anderen Ländern unterscheiden, die Maschinen würden unserer einzigartigen Vielfalt Grenzen setzen. Letzten Endes können Maschinen eine Kultur nur reproduzieren, sie können keine Kultur schaffen – und wer könnte Maschinen bauen, die schnell genug arbeiten, um die Gewebe reproduzieren zu können, die mit dem umfassenden Wissen und der unendlichen Flexibilität von achtzehn Millionen Webern geschaffen wurden?

# 7

# *Essen für Gedanken*

Einmal erlebte ich eine Hungersnot hautnah mit. Drei Jahre lang war der Monsunregen ausgeblieben, von dem Leben und Tod in den ländlichen Gebieten Indiens abhängen, und nun herrschte Dürre im Bundesstaat Maharashtra. Das Korn war vertrocknet, das Vieh verhungert, die Dorfbrunnen hatten keinen Tropfen Wasser mehr. 1973, im dritten Jahr der Dürre, starben die Kinder an Hunger.

In den Städten gab es keinen Strom und kein fließendes Wasser, die Wasservorräte waren fast aufgebraucht. Als ich nach Aurangabad kam, eine Stadt mit zwei Millionen Einwohnern, reichte das Trinkwasser gerade noch für zwei Tage. Die Menschen bereiteten sich darauf vor, die Stadt zu verlassen, die Verkehrswege nach Bombay, in die Hauptstadt des Bundesstaates, waren bereits von Flüchtenden verstopft – und in Bombay lebte bereits jeder Siebte auf der Straße.

Die Regierung versuchte den Exodus mit militärischen Strategien zu stoppen. Aus den überquellenden Kornspeichern der Vereinigten Staaten wurde Getreide nach Indien gebracht und auf dem Luftweg in entlegene Dörfer transportiert. Ochsenkarren, beladen mit wassergefüllten Kerosinfässern, schoben sich in kilometerlangen Kolonnen in Gegenrichtung zu den Flüchtlingen die Straßen entlang. Ein Textilmagnat hatte überall im Staat Küchen eröffnet, wo eine nach seinem Rezept zubereitete Mahlzeit angeboten wurde, die ausreichend Proteine und Kalorien für vierundzwanzig Stunden enthielt. Ausgehungerte Dorfbewohner standen vor seinen Küchen Schlange, während im Radio von Regierungsseite dagegen gewettert wurde, daß sie das amerikanische Getreide nicht annehmen wollten, weil sie den Geschmack nicht gewohnt waren.

Damals begleiteten Indiens bekanntester politischer Karikaturist und ich einen Bezirksverantwortlichen in ein Dorf im Epizentrum der Dürrekatastrophe. Ausgemergelte Frauen saßen auf der verbrannten Erde vor ihren Hütten und siebten Weizen, der sich in riesigen Haufen rechts und links von ihnen auftürmte. Sie schüttelten ihre Tabletts aus Rohr heftig hin und her, in einem hypnotischen, an den Klang von Straßenmusikanten erinnernden Rhythmus, ohne auf das Geschrei ihrer Kinder zu achten. Alle paar Sekunden hielten sie inne, klaubten ein oder zwei Körner von dem Tablett und legten sie beiseite.

Ein Ochsenkarren blieb an einem Haltepunkt am Rand des Dorfes stehen. Die Kinder hörten auf zu weinen und scharten sich um den Wagen. Sie streckten Tontassen aus oder fingen mit ihren gewölbten Händen einzelne Wassertropfen auf, die von dem Karren auf den braunen, staubigen Boden spritzten. Die Frauen riefen ihnen zu, sie sollten auch die irdenen Töpfe an den äußeren Wänden der Hütten füllen, damit die Väter abends, wenn sie nach Hause kämen, Wasser zu trinken hätten.

»Wo sind denn eure Männer?« fragte ich eine Frau, weil ich keinen einzigen im Dorf sah.

»Sie graben einen Bewässerungskanal.«

»Bei dieser Dürre?«

»Für den nächsten Regen, falls es je wieder regnet. Essen gegen Arbeit, sagen die Regierungsbeamten. Wenn unsere Männer Straßen bauen oder Kanäle graben, werden sie mit Nahrungsmitteln bezahlt.«

Ärgerlich schüttelten sie ihre geflochtenen Tabletts. »Vergiftete Nahrung.«

Der Karikaturist zeichnete unterdessen einen Bauern mit weißem Turban, der den Ochsen an den Hörnern gepackt hatte und auf die Straße zurück dirigierte. Die Kinder liefen von dem Karren weg auf ihn zu, schauten ihm über die Schulter und beobachteten, wie auf dem weißen Papier langsam ein Bild entstand.

»Von mir auch ein Foto!« riefen sie, schubsten sich gegenseitig weg und drängten sich an den Zeichner heran, voller Stolz, daß sie ihr Wissen über moderne Technik zur Geltung bringen konnten.

»Machen Sie von mir auch ein Foto!«

»Und von mir!«

Geduldig zeichnete er ein Kind nach dem anderen, und ich beobachtete unterdessen die Frauen, wie sie die Weizenkörner ausbreiteten, einzelne heraussortierten und die übrigen sorgfältig in Gefäße füllten.

Ich verstand nicht, warum die Frauen so mühsam Korn um Korn kontrollierten, während ihre Kinder im Hintergrund vor Hunger weinten. »Warum kocht ihr den Weizen nicht einfach so, wie er ist?«

»Wir wollen nicht sterben«, antworteten sie müde.

»Hier!« Eine Frau hielt mir eine Handvoll aussortierter Körner entgegen. »Datura im Weizen.«

Datura, Stechapfel, ist genießbar für Tiere, aber giftig für Menschen – die Amerikaner hatten Viehfutter geschickt.

Doch wer am Verhungern ist, nimmt, was er kriegen kann.

Andererseits bekam ich mehr, als ich verbrauchen konnte. So viel Essen, daß bei jeder Mahlzeit zehn Familien satt geworden wären. So viel Alkohol, daß zehn Männer sich eine Woche lang hätten betrinken können. Ein Privatflugzeug flog mich im Land herum. Autos brachten mich an die Orte, wo die Dürre am schlimmsten wütete. Ich arbeitete für einen britischen Fernsehsender. Der Karikaturist war für eine britische Zeitung tätig und genoß die gleichen Privilegien wie ich. Weil wir ausländische Arbeitgeber hatten, waren wir Ausländer ehrenhalber, reisten wir mit den ausländischen Journalisten. Und so wurde uns all der Luxus zuteil, mit dem wir Menschen in der Dritten Welt die Menschen aus der Ersten Welt dazu verführen, unseren Problemen ihre Aufmerksamkeit zu widmen.

Die Dritte Welt hat teuer dafür bezahlt, daß sie sich so sehr bemühte, die Erste Welt zu beeindrucken.

In den dreißiger Jahren fragte ein europäischer Journalist Mahatma Gandhi einmal: »Wie lerne ich Indien verstehen?«

»Schauen Sie sich die Dörfer gut an«, antwortete Gandhi. Es

war eine naheliegende Antwort: Schließlich lebten damals drei Viertel der indischen Bevölkerung in Dörfern.

Aber die westlichen Länder wurden durch Industrialisierung reich, und in den fünfziger Jahren propagierten Premierminister Nehru und seine Berater den kühnen neuen Plan, die indische Ochsenkarren-Wirtschaft ins Maschinenzeitalter des 20. Jahrhunderts zu katapultieren. Wenn Amerika gigantische Wasserkraftwerke baute wie den Boulder-und-Cooley-Damm, würden wir auch riesige Dämme bauen und Strom produzieren, damit wir unseren Traum von der Mechanisierung verwirklichen konnten. Wenn Rußland und China Fünfjahrespläne und staatliche Kontrolle über die Industrie als Wundermittel der wirtschaftlichen Entwicklung einsetzten, würden auch wir unsere Ressourcen in riesige staatliche Industrien lenken, um Arbeitsplätze zu schaffen. Wenn wir jedes Jahr Nahrungsmittel importieren mußten, um die nächste Hungersnot zu verhindern – dann war das eben der Preis, den ein armes Land für den Fortschritt zu zahlen hat. Und schließlich hatte es in Indien immer Hungersnöte gegeben.

Erst unser neuer Premierminister Shastri bemerkte, daß unsere zwanghafte Fixierung auf eine staatliche Industrie zu teuer war. Dringender als Fabriken brauchten die Inder etwas zu essen. Möglicherweise konnten die Unsummen, die Indien für den Import von Lebensmitteln leihen mußte, sinnvoller ausgegeben werden, wenn man damit Bauern unterstützte, die Nahrungsmittel im eigenen Land produzierten. Schließlich haben wir mit den großen Flußebenen an Indus und Ganges das am intensivsten kultivierte Schwemmland auf der Welt. Und weiter im Süden liegt der fruchtbare vulkanische Boden des großen Dekkan-Plateaus. Tatsächlich haben wir mehr Ackerland als China, und bei uns leben weniger Menschen; die Bevölkerungsdichte ist selbst heute nur wenig höher als in Deutschland und sehr viel geringer als in Japan. Selbst der American Overseas Development Council, der amerikanische Rat für Entwicklung in Übersee, stellte einmal fest: »Indien ist von seiner natürlichen Ausstattung her fast genauso gut für die

Nahrungsmittelproduktion geeignet wie die Vereinigten Staaten.«

Premierminister Shastri wählte einen günstigen Moment, als er sich daran machte, die Landwirtschaft wieder in den Mittelpunkt zu stellen. Man schrieb die sechziger Jahre, und den Wissenschaftlern war ein Durchbruch in der Getreideproduktion gelungen: die Züchtung ertragreicher Weizen- und Reissorten, der beiden Hauptnahrungsmittel der Inder.

Alle meinten, es werde jahrelanger mühsamer Überzeugungsarbeit bedürfen, bis die vorsichtigen, rückständigen, mißtrauischen indischen Bauern die neuen Sorten einsetzten. Statt dessen druckten die Zeitungen bald Geschichten von stämmigen Sikh-Bauern, die im Panjab zu nächtlicher Stunde in Forschungslabors eingebrochen waren und die neuen Wunderpflanzen gestohlen hatten, um sie noch vor der nächsten Regenzeit einsetzen zu können. Im Süden des Landes klagten Wissenschaftler, daß sie keine Samen mehr hätten für ihre Experimente, weil sämtliche Proben von Reissamen auf mysteriöse Weise verschwunden seien.

Das war der Beginn der Grünen Revolution.

In den nächsten Jahren waren die Monsunregen immer noch so unvorhersehbar wie eh und je. Der Regen blieb immer mal wieder aus, und wir hatten immer mal wieder Dürrezeiten. Doch innerhalb eines Jahrzehnts wurden wir Selbstversorger auf dem Nahrungsmittelsektor. Weitere zehn Jahre später waren wir in der Lage, Getreide zu exportieren. Und nach noch einmal zehn Jahren exportierten wir ein Viertel unserer landwirtschaftlichen Produktion. Die Grüne Revolution hatte Indien ein für allemal verändert.

Dennoch litten weiterhin Millionen von Indern Hunger, zogen Millionen verarmter Dorfbewohner in die Städte. Wir gaben riesige Summen für die Entwicklung auf dem Lande aus, aber die Hälfte des Wassers, unserer wichtigsten Ressource, ging jedes Jahr durch Überschwemmungen und Verdunstung verloren, weil man die Wälder für den Bergbau und für Steinbrüche gerodet hatte, und jedes zweite Dorf hatte immer noch kein Trinkwasser.

Ungeheure Anstrengungen waren erforderlich, um das Erreichte zu sichern. Bessere Bewässerungssysteme, Schutz vor Erosion, eine Grundausbildung für alle, Gesundheitsvorsorge – auf diesem Weg ließ sich das ländliche Gesicht Indiens verändern.

Außerdem war eine wirksame Landreform notwendig. Wir waren nun einmal eine junge Nation mit alten Ungleichheiten. Großgrundbesitzer, die sich auf ihren Feldern nie blicken ließen, besaßen riesige geerbte Ländereien, bebaut von Pächtern, die ein Drittel ihres Ernteerlöses an den Besitzer abgeben mußten, ein weiteres Drittel an Mittelsmänner, die nicht selten auch Geldverleiher waren, und vom Rest mußten sie alle Kosten bestreiten. Dabei saß ihnen ständig die Angst im Nacken, von ihrem gepachteten Land vertrieben zu werden.

Aber wir waren auch das Land Mahatma Gandhis, und zwanzig Jahre lang reiste Vinobha Bhave, ein schmächtiger alter Mann, ehedem einer von Gandhis engsten Mitarbeitern, durch das unabhängige Indien und drängte die Großgrundbesitzer, Land an die Armen abzutreten. Er hielt uns beständig vor Augen, daß die Umverteilung von Land den Millionen besitzloser Landarbeiter und Pächter eine Zukunftsperspektive geben würde.

Bereits 1951 hatte die Regierung von Premierminister Nehru die maximale Größe des privaten Landbesitzes festgelegt. Die Bauern mußten ihr Land »persönlich« bebauen und »das volle Risiko« tragen. Überschüssiges Land sollte von der Regierung aufgekauft und billig an Pächter verkauft werden, die sich, um eine zu weitgehende Aufteilung zu verhindern, zu Genossenschaften zusammenschließen sollten.

Der Beschluß führte tatsächlich dazu, daß Großgrundbesitz neu verteilt wurde – aber nicht an schuldenbeladene Wanderarbeiter oder Kleinbauern, die gerade genug für sich selbst erwirtschafteten. Die Mittelschicht der etwas wohlhabenderen Bauern und die allgegenwärtigen Geldverleiher, die bereit waren, das »volle Risiko« auf sich zu nehmen, profitierten von der Reform – und von dem Geld, das die Regierung in die ländlichen Regionen pumpte.

Wir hätten uns unsere Dörfer gut anschauen sollen, wie Mahatma Gandhi gesagt hatte. Doch unsere stadtgewohnten Planungsbeamten interessierten sich nicht für die Dörfer, und so kam es, daß die besitzlosen Landarbeiter zwar nicht mehr von den großen Landbesitzern ausgebeutet wurden, dafür aber von den kleinen, und daß sich ihre Lebensbedingungen in dem Maße verschlechterten, wie sich die landwirtschaftliche Produktion verteuerte.

In den siebziger Jahren begriff das städtische Indien, daß es einen Fehler gemacht hatte. Das ländliche Indien war politisch erwacht.

Im Jahr 1979 marschierten eine Million Bauern auf die Hauptstadt Delhi zu. Männer aus dem Norden mit ihren rauhen Decken um die Schultern. Sikh-Bauern aus dem Panjab, dem Brotkorb Indiens, auf schimmernden Traktoren. Männer mit Turbanen und kunstvollen Ohrringen aus den kargen Halbwüsten von Rajasthan. Kleinbauern in *dhotis* aus dem Osten, Landwirte mit weißen Kastenzeichen auf der Stirn aus dem Süden. Als erstes forderten sie Wasser, dann Samen, Dünger, Strom.

Im Jahr 1980 marschierten die Bauern nicht mehr nach Delhi. Sie hatten landesweit zu Protesten aufgerufen und verlangten mehr Geld für ihr Getreide. Unsere verängstigten Politiker nahmen sofort im Ausland Kredite auf, damit sie den Bauern Steuergeschenke machen konnten. Dann liehen sie sich noch mehr Geld, um die Preise für Lebensmittel niedrig zu halten, damit die Armen zu essen hatten. Weil der Populismus immer mehr die Oberhand gewann über den Pragmatismus, kletterten die Subventionen immer weiter in die Höhe, und bald wurden allein für Dünger mehr als zwei Milliarden Dollar ausgegeben.

Nun mußte ganz Indien wie die besitzlosen Landarbeiter Zwangsarbeit leisten und immer höhere Zinsen an ausländische Kreditgeber für immer höhere Darlehen bezahlen. Doch die ärmsten Bauern, die Wanderarbeiter, die Handwerker, die auf die schwindende Kundschaft in den Dörfern angewiesen waren, sie alle zogen weiterhin vom Land in die Städte.

Jahrelang hatten wir Stadtbewohner geglaubt, die Reize des

Stadtlebens, die in schillernden Farben von Kino und Fernsehen verbreitet wurden, verursachten die Landflucht. Zu spät erkannten wir, daß die Vernachlässigung der ländlichen Infrastruktur die Besitzlosen in die Stadt trieb, weil sie hofften, dort Arbeit zu finden.

Als ich Kind war, lebten nur fünfzig Millionen Inder in Städten, heute sind es vierhundert Millionen, das Doppelte der Bevölkerung der Vereinigten Staaten. Die schiere Menge ist eine Bedrohung für unsere städtische Infrastruktur, unsere berstenden Städte können so viele Menschen nicht beherbergen.

Da unsere Städte ins Land hinaus explodieren, werden nun endlich die Bauern Herren über die Städter.

»Fünfzig Jahre lang habe ich dieses Stück Land bearbeitet«, erzählte ein alter Bauer, als die Stadtgrenze von Delhi seine Lehmhütte fast erreicht hatte und potentielle Grundstückskäufer bei ihm ein und aus gingen und ihm Unsummen für seine nicht bewässerten Felder boten.

»Vor Sonnenaufgang habe ich angefangen, und bis nach Sonnenuntergang habe ich den Pflug mit meinen Armen gezogen, weil ich mir keinen Büffel für die Arbeit leisten konnte. Wenn ich gesät hatte, betete ich um Regen. Wenn die Pflanzen gut standen, betete ich, daß es nicht regnen möge. Meine Frau sammelte Kuhfladen als Brennstoff zum Kochen, und in guten Jahren konnten wir unseren Weizen zu dem Preis losschlagen, den Vermittler festgesetzt hatten. So konnten wir wenigstens einen Sohn auf die Schule schicken.«

Er seufzte voller Behagen. »Ist es nicht wunderbar? So viele Jahre habe ich so hart gearbeitet, und das Land hat so wenig eingebracht. Jetzt stehe ich morgens auf und lächle mein Feld nur an. Und trotzdem werde ich von Tag zu Tag reicher.«

# 8

# *Neues Geld*

Wer zweifelt, daß Indien sich verändern kann, sollte sich wenigstens kurz in unseren Städten umschauen, die unsere neue, aufstrebende Mittelschicht beherbergen.

Ganze Familien, in leuchtende Synthetikstoffe gekleidet, quetschen sich auf Motorrollern zusammen, hinter dem Lenkrad sitzt ein Mann mit gelglänzendem Haar, dunkler Sonnenbrille, Trevirahose und spitzen Schuhen mit dicker Kreppsohle.

Auf der nächsten Stufe der Nahrungskette müssen es goldene Armbanduhren sein, deutsche Autos, italienische Kleidung, Yachten und Flugzeuge, Champagner der Marken Cristal und Dom Perignon, reservierte Tische für Kind und Kegel in den teuersten Restaurants und Diskotheken. Riesige Mengen Kaviar, die unberührt in einer riesigen Anzahl von Glasschalen aus Lalique-Kristall vertrocknen, sind ein Zeichen für den neuen Lebensstil. Wenn du etwas hast, dann protze damit.

In den alten Tagen hat man versteckt, was man hatte. Wir waren ein armes Land, und Selbstverleugnung gehörte zur Solidarität.

Ich erinnere mich, daß wir als Studenten an der Universität Cambridge nur gerade soviel an harter Währung haben durften, wie wir für feste Ausgaben brauchten. Aber wir haben uns nicht daran gestört. Wir standen noch unter dem Eindruck von Mahatma Gandhis Askese – obgleich Sarojini Naidu, die unbezwingbare Frau, die an Gandhis Seite in so vielen gewaltlosen Kämpfen gegen die britische Herrschaft protestiert hatte, einmal anmerkte, es koste die Inder eine Menge, Gandhi arm zu halten.

Zwanzig Jahre später begriffen wir, was Sarojini Naidu mit ihrem scharfsinnigen Satz gemeint hatte. Unsere Wirtschaft stagnierte auf einem kläglich niedrigen Niveau, unsere Wirtschaftswissenschaftler sprachen geringschätzig von »hinduistischen Wachstumsraten«. Wir mußten zugeben, daß die Entbehrungen, die uns durch die Irrtümer der zentralen Planung aufgezwungen worden waren, das Land viel teurer zu stehen kamen als Mahatma Gandhis Armut.

In den sechziger Jahren sah es so aus, als hätten wir die Planung im Griff. Analytiker aus aller Welt bescheinigten uns, Indien sei reif für den wirtschaftlichen Take Off. Wir Studenten konnten uns den Kommilitonen mit ihrem verschwenderischen Lebensstil weiterhin moralisch überlegen fühlen.

Vor allem den Kommilitonen vom Subkontinent. Aber moralischer Snobismus war auch unser einziger Ausweg, denn die Regierung von Pakistan verfügte keine Devisenbeschränkungen, und die reichsten pakistanischen Studenten konnten ihr Geld ungehindert zur Schau stellen. Sie hielten Polo-Ponies, rauchten Havanna-Zigarren, rasten in Lotus-Sportwagen durch die Gegend, mit Scheinwerfern, die wie einladend zwinkernde Augen auf- und zuklappten, und eine Menge hübscher junger Mädchen aus ganz Europa, die in Cambridge Englisch lernten, nahmen solche Einladungen an, viel mehr, als sich von armen indischen Studenten einladen ließen.

Oh diese verfluchten Pakistani, die nach der neuesten Mode von Anderson und Shepherd gekleidet waren. Bei unserer chronischen Geldknappheit blieb uns nichts anders übrig, als der flotten Garderobe von den teuersten Maßschneidern der Savile Row mit selbstgeschneiderter Bescheidenheit entschlossen entgegenzutreten. Wie hätten wir sonst aus der Armut eine Tugend machen können, wenn wir nicht strenge Robespierresche Verachtung für die Dantonschen Sybariten aus dem Norden des Subkontinents an den Tag gelegt hätten?

Immerhin hatten wir den gelackten pakistanischen Studenten eines voraus: Der Premierminister von Indien war Vizekanzler der Universität Cambridge. Um Nehrus willen zeigten wir Verachtung für alle »Luxusgüter«, wie Indiens Planungsbeamte sie nannten. Wir wollten den Luxusgütern entsagen und uns an die billigen Dinge halten, die wir selbst herstellen konnten. Wir wollten einen großen Teil unserer Industrie verstaatlichen und den Rest staatlicher Lenkung unterwerfen.

Die warnenden Stimmen, die sich im indischen Parlament gegen diese ideologische Haltung erhoben, überhörten wir. »Ein Land, in dem jedes Jahr sechzig Prozent des Wassers durch sorglosen Umgang und durch Fehler verloren gehen, kann sich Ideologie nicht leisten«, donnerten sie. Aber wir lebten im Zeitalter der Ideologien, im Zentrum eines Kalten Krieges zwischen sozialer Gerechtigkeit und schrankenlosem Kapitalismus, und wir trugen unsere Armut mit Stolz. Schließlich stand Nehrus Sozialismus im Zenit. Er war Vizekanzler einer der angesehensten Hochschulen der Welt. Und er war einer von uns.

Den pakistanischen Studenten blieben solche entnervenden Überlegungen erspart, sie machten weiter Ferien an der französischen Riviera und fuhren von einem modischen Badeort zum nächsten. Unsere erdrückenden Devisenbeschränkungen hatten zur Folge, daß wir nur Urlaub machen konnten, wenn wir tagelang mit zaghaft ausgestrecktem Daumen an der Autobahn standen – als nicht sehr überzeugende Anhalter.

Vielleicht veranlaßten solche Demütigungen einen armen indischen Studenten namens Rajiv Gandhi dazu, die Devisenbeschränkungen allmählich zu lockern, nachdem er Premierminister geworden war. Oder vielleicht bewirkte das auch die Fülle neuer Beschränkungen, die seine Mutter dem Land auferlegt hatte. Premierministerin Indira Gandhi weitete während der ganzen siebziger Jahre den Einfluß der Regierung beharrlich aus, bis sie sich schließlich in jeden Bereich des indischen Alltagslebens einmischte. Während ihrer Amtszeit trieb der steile Anstieg des Ölpreises die Lebenshaltungskosten in Indien in schwindelerregende Höhen. Die Arbeiter in den verstaatlichten Fabriken streikten für höhere Löhne, die Menschen auf dem Lande verlangten mehr finanzielle Unterstützung.

Aber Frau Gandhi verstaatlichte weiter unbeirrt Versicherungen und Banken. Dem verbleibenden privaten Sektor wurden so ausgeklügelte neue Beschränkungen auferlegt, daß jeder, dem es gelang, eine Produktionslizenz zu bekommen, gewissermaßen ein Monopol hatte, und das, obgleich auch der erfolgreichste Unternehmer nicht soviel produzieren durfte, wie er wollte und konnte, sondern nur nach Maßgabe einer von der Regierung festgesetzten Quote. War die Quote zu gering und die Nachfrage zu groß, füllte der Schwarzmarkt die Lücke, und es entstanden Berge von Schwarzgeld, das nicht dazu verwendet werden konnte, neue Fabriken zu errichten, mehr Nahrungsmittel anzubauen, mehr Arbeitsplätze zu schaffen.

Fasziniert schrieb *The Economist* über unser System: »Es ist einzigartig auf der Welt. In vieler Hinsicht stellt es sogar die sowjetische Zentralverwaltungswirtschaft in den Schatten.«

Weniger nachsichtig sagten unsere eigenen Ökonomen, wir hätten nach dem »British Raj« nun das »Licence Raj« errichtet, die Herrschaft des Genehmigungsscheins.

All dies erfolgte mit den denkbar besten Beweggründen: Selbständigkeit, Unabhängigkeit vom westlichen Wirtschaftsimperialismus, der den politischen Imperialismus abgelöst hatte.

Aber obwohl wir nur kleine Studenten waren und insgeheim unsere pakistanischen Kommilitonen beneideten, ahnten wir, daß irgend etwas falsch lief.

Doch es ist nie zu spät, einen Fehler zu korrigieren, und ein Mann aus unserer Generation nahm schließlich die Dinge in die Hand. Rajiv Gandhi gab unsere scheinbare Selbständigkeit auf und öffnete die indische Wirtschaft für den Weltmarkt, hob die Regelungen und Restriktionen für die Industrie auf, senkte Steuern und Abgaben.

Viel schwerer wog indes, daß er sichtbar Gefallen fand an den sündigen importierten Dingen, die man uns so lange vorenthalten hatte. Wie die indische Hausfrau in V. S. Naipauls Roman *An Area of Darkness* war unser Premierminister »verrückt nach Ausländischem. Einfach verrückt nach Ausländischem.« Er trug importierte Fliegerbrillen, fuhr importierte schnelle Autos und trank importiertes Mineralwasser. Waren Nehru und Shastri noch mit normalen Fluglinien geflogen, reiste Gandhi mit einer extra für ihn bereitgestellten Boeing, und die Innenarchitekten, die sein Haus dekorierten, wurden ihrerseits mit Auszeichnungen der Regierung dekoriert.

Als wir Gandhi sahen, wurde uns klar, daß Selbstgeschneidertes aus der Mode war, jetzt waren Luxusgüter angesagt.

Nach vierzig Jahren konnten wir das härene Gewand der Armut ablegen. Zum ersten Mal seit der Unabhängigkeit Indiens war es politisch korrekt, reich zu sein.

# 9
## *Die Verlegenheit der Reichen*

Delhi gehört nach der Statistik zu den am schnellsten wachsenden Städten der Welt, aber ich glaube, daß die Statistiker die Einwohner immer im Winter zählen, wenn Scharen von Menschen aus dem Westen auf der Flucht vor Schnee und Kälte in die Stadt einfallen.

In den siebziger Jahren hatten die Ausländer hier spirituelle Erleuchtung gesucht. Mittlerweile schrieben wir die glorreichen achtziger Jahre. Unser Premierminister Rajiv Gandhi, ein junger, gutaussehender Angehöriger der Baby-Boom-Generation, liberalisierte die indische Wirtschaft. Geld war die neue Erleuchtung.

So wunderte ich mich nicht sehr, als mich ein distinguierter Herr auf einer Dinnerparty ansprach.

»Fünfhundert junge Präsidenten und ihre Ehefrauen kommen zur ›India 1986‹. Wir hätten gern, daß Sie dann eine Rede halten und ihnen ein anderes Bild von Indien vermitteln, damit sie bei uns investieren.«

Ich machte ein feierliches Gesicht. Er hatte seine Anfrage so bedeutungsschwer vorgetragen, als handelte es sich um – ja nun, was hatte man sich unter einem jungen Präsidenten vorzustellen?

»Dynamos der Finanz- und Geschäftswelt. Mit vierzig leiten sie alle ein eigenes großes Unternehmen.«

Und was war »India 1986«?

»Ein Versuch, sie dazu zu bewegen, daß sie bei uns Unternehmen gründen. Die weiteren Redner sind Dr. Kissinger, Mutter Teresa und der Dalai Lama.«

Das war natürlich schmeichelhaft – in einem Atemzug mit einem Star, einer Heiligen und einem Gott genannt zu werden.

Bloßer Patriotismus sank zur Bedeutungslosigkeit herab. Aber was sagt man jungen Präsidenten, wenn einem weder Fachwissen noch Heiligkeit zu Gebote stehen, und schon gar nicht Göttlichkeit? Ich wußte ein paar Witze. Aber würden sich die Wirtschaftstiger davon überzeugen lassen, in Indien zu investieren?

Ich rief das Büro der Vereinigung junger Präsidenten in New York an. Forsche Stimmen meldeten sich am anderen Ende der Leitung, und vor meinem geistigen Auge erstand das Bild schikker junger Leute in Uniform, die Fähnchen auf einer großen Weltkarte verschoben, jedes Fähnchen ein Unternehmer.

»Ich möchte nicht nach Mutter Teresa sprechen.« Ich appellierte an ihr fernes Verständnis.

»Warum nicht?«

»Niemand kann nach Mutter Teresa kommen. Das wäre so, als käme man nach Little Richard.«

»Ach wirklich? Wir werden es notieren. Unser Material ist unterwegs. Einen schönen Tag noch.«

Das Material traf ein, ein passend in jenem luxuriösen Burgunderrot gebundenes Programm, das zu Les Must de Cartier gehört. Es enthielt Fotos einer ganzen Reihe von Rednern; Dr. Kissinger und der Dalai Lama waren nicht dabei. Einer der jungen Präsidenten hatte mich angeschwindelt.

Doch meine Enttäuschung wich sogleich erwartungsvoller Neugier, als ich las, daß Frau Bettina Arndt vor fünfhundert Jungunternehmern zu dem Thema sprechen würde *Heute abend nicht, Liebling, ich habe Kopfschmerzen*, vielleicht ein wenig zu durchsichtig gefolgt von dem Thema *Ist der Chef ein schlechter Liebhaber?*

Donnerwetter, solche Vorträge würden natürlich eine Menge Investitionen nach Indien bringen.

Zwischen einem Vortrag des Herausgebers der *Washington Times* über Südafrika mit dem Titel *Rassenkrieg oder Modus Vivendi* und einem Vortrag des Porsche-Chefs zum Thema *Weltmarktorientierte Unternehmensplanung in ungewissen Zeiten* sollte jemand über »Plateauing« sprechen.

Plateauing?

Was immer Plateauing auch war, es wurde behandelt in dem Vortrag zum Thema *Die Krise in der Mitte des Lebens meistern: Einsichten aus Indien.* Ich fragte mich, wie der Redner wohl zu seinen Einsichten kommen würde. Mit Krisen in der Mitte des Tages wurden wir in Indien fertig, auch mit Krisen in der Mitte der Woche. Aber waren wir die Leiter der Evolution schon weit genug hinaufgestiegen, daß wir uns für die Krise in der Mitte des Lebens qualifiziert hatten?

Zur Eröffnung der Konferenz standen der Premierminister von Indien, unser Außenminister und die Topberater für Planungs- und Verwaltungsreformen auf dem Programm. Mir fiel ein Stein vom Herzen. Wenn es ihnen nicht gelang, die Unternehmer aus aller Welt davon zu überzeugen, daß sie in Indien investieren mußten, wem sollte es dann gelingen? Falls allerdings der Weg zum Herzen eines jungen Präsidenten durch den Magen gehen sollte, hielten wir noch einen Vortrag über die fünf wichtigsten Saucen der indischen Küche in der Hinterhand, das Thema hieß: *Die bunte Welt der indischen Küche: Braun, Rot, Gelb, Weiß und Grün.*

Und dann waren die fünfhundert Präsidenten samt Ehefrauen in der Stadt, verursachten ein Verkehrschaos und belegten die Hotelzimmer mit Beschlag. Alles wie üblich. Nicht so wie üblich waren die Begleitprogramme in den Hotelhallen zu Ehren der wichtigsten Voraussetzung für die Aufnahme in den Club der jungen Präsidenten – dicke Scheine. Juweliere beugten sich, die Lupe vor das Auge geklemmt, über Edelsteine. Aus dem fernen Benares angereiste Verkäufer versuchten höflich lächelnd zarte gläserne Armreifen über Handgelenke zu schieben, die breiter waren, als sie jemals gesehen hatten. Verschleierte Frauen aus Rajasthan saßen vor Kupferschalen voller Hennapaste und malten geduldig anstehenden Frauen Fruchtbarkeitszeichen auf die Handflächen. Der eine oder andere Ehemann hatte sich mit in die Schlange gestellt, doch später bei der Konferenz lachte niemand, wenn ein Mann eine mit weiblichen Fruchtbarkeitszeichen bemalte Hand hob. Die Reichen sind nun einmal anders.

Nicht begriffen hatte das einzig ein Astrologe, der wie ein Pascha auf einem Kissen thronte und andächtig lauschenden Westlern Ratschläge für künftige Krisen in der Mitte des Lebens gab.

Ich beobachtete, wie ein sympathisch wirkender Australier, der mit Früchten und Gemüse zum Millionär geworden war, sich die Zukunft vorhersagen ließ. Er staunte, wie genau der Astrologe über seine Vergangenheit Bescheid wußte, und er war begeistert, als er hörte, daß er den Höhepunkt seiner Laufbahn noch nicht erreicht hatte.

»Noch größerer Erfolg steht bevor«, rief der Wahrsager entzückt, während er das Horoskop betrachtete, das er ihm gestellt hatte. »Sie werden ganz neue Wege zu großem Reichtum einschlagen. Viel einträglicher als Ihr derzeitiges Gewerbe.«

»Was werde ich tun?« Der australische Millionär konnte die Antwort kaum abwarten.

»Keine Sorge, mein Herr. Bald werden Sie, Sie werden ...«

Zwanzig Zuschauer hielten den Atem an.

»Sie werden Geldverleiher sein!« verkündete der Astrologe triumphierend und wischte die Obst-und-Gemüse-Millionen als Kleingeld beiseite im Vergleich zu dem Reichtum eines Zinswucherers. Das waren die wirklich Reichen.

Die reichen Unternehmer zeichnete vor allem ihr Durchhaltevermögen aus. Sie begannen den Tag mit Jogging im Morgengrauen und Yoga-Kursen, schwammen dann ein paar Runden oder spielten Tennis, eilten von dort zu einem Kurs über das Binden von Saris und Turbanen, fuhren 150 Kilometer nach Agra, um das Taj Mahal zu besichtigen, kauften Teppiche, wurden zum Tee von einem richtigen Präsidenten empfangen – dem Präsidenten von Indien –, sahen sich Polospiele des 61. Kavallerieregiments an, besichtigten außerhalb der Stadt gelegene Fabriken und Dörfer, aßen in Privathäusern zu Abend, um sich ein Bild zu machen, wie echte Inder leben, kauften ununterbrochen ein und schafften es bei alledem auch noch, sich tagsüber die Vorträge anzuhören. Dabei waren sie nur eine Woche in der Stadt.

Die zackigen Stimmen aus New York, deren Träger sich in natura als vollendet weltgewandt und gar nicht militaristisch entpuppten, blieben geradezu aufreizend unerschütterlich, wenn sie Lösungen für dieses oder jenes Problem der Konferenz »India 86« herunterspulten. Ich beklagte mich darüber, daß ich nun nicht nur nach Mutter Teresa auf dem Programm stand, sondern auch noch nach dem Premierminister. Was war denn das für eine Planung? Sie lächelten mitfühlend, ließen alles, wie es war, drückten mir ein Sandelholzmedaillon mit meinem Namen und Titel in die Hand sowie eine Stoffmappe mit der Sorte Hochglanzpapier, die an den Händen kleben bleibt. Dazu noch mehr burgunderrote Broschüren mit Adressen, wo man in Indien am besten essen und einkaufen kann, ein weiterer Beweis für die Konsumgier des 20. Jahrhunderts.

Darum ging es auch bei Mutter Teresas schockierend aktuellem Aufruf. Sie wollte Hilfe für Aids-Opfer. Die jungen Präsidenten hatten sich schon bereit erklärt, eine Million Dollar, selbstverständlich steuerlich absetzbar, für ihre Hospize in New York zur Verfügung zu stellen. Jetzt mußten sie sich anhören, daß ihr Geld allein nicht gut genug war. Mutter Teresa wollte persönlichen Einsatz, Freiwillige für die Betreuung von Patienten. Die Anwandlungen von Sentimentalität verflüchtigten sich sofort. Niemand war darauf vorbereitet, eine hennabemalte Hand auszustrecken anstelle eines Scheckbuchs. Schon eher konnten sie ihrer Aufforderung nachkommen, menschlich mit ihren Angestellten umzugehen – sich zum Beispiel nach den Namen ihrer Kinder zu erkundigen.

Die jungen Präsidenten wußten, wie sie sich gegenseitig anreden sollten. Um den Hals trugen sie die Sandelholzmedaillons, unter dem Arm ein dunkelrot gebundenes Buch mit dem Titel *Wer da ist*, das alle Namen enthielt und daneben – ihre Spitznamen. All die Eds, Bobs, Als, Chucks, verheiratet mit den Babs, Connies, Frans und Sues, wischten sich nach Mutter Teresas Rede Tränen der Rührung aus den Augen, lehnten sich auf ihren Stühlen zurück, bereit für den nächsten Redner – der gut einer der ihren hätte sein können.

Mit vierzig stand er an der Spitze eines Landes: Der aufgeschlossene indische Premierminister erzählte ihnen, wie er seine sperrige Firma ins 21. Jahrhundert bringen wollte. So wie Mutter Teresa das passende Bild für Nächstenliebe abgab, gab Rajiv Gandhi das passende Bild eines modernen politischen Führers aus der Dritten Welt ab.

Nach seinem Auftritt füllten alle ihre Bewertungsformulare aus. Alle Redner – Heilige, Premierminister, Experten für Geopolitik – sollten nach sechs Kategorien und acht Unterkategorien bewertet werden. Eins war die schlechteste Note, zehn die beste. Rajiv Gandhi bekam nur Sechser und Siebener. Mutter Teresa erhielt eine glatte und einstimmige Zehn. Sie war eben ein Star.

Und Stars sind für das Publikum da. Bei der Abfahrt, als sie schon in ihrem Kleinbus saß, zogen die Millionäre sie förmlich wieder heraus, weil jeder mit ihr fotografiert werden wollte. In ihrem weißen Sari mit der blauen Borte, mit dem Gesichtsausdruck eines verschreckten Außerirdischen, kletterte sie ein ums andere Mal wieder aus dem Kleinbus. Es tröstete sie, als sie ihr Ergebnis hörte.

»Ich habe eine Zehn! Eine Zehn!« rief sie ihren Nonnen zu. »Was bedeutet das, eine Zehn?«

»Jetzt bist du die neue Bo Derek!« sagten Freundinnen, die von Anfang an mit ihr arbeiteten. Die jüngeren Nonnen, die der Welt erst vor kurzem den Rücken gekehrt hatten, kicherten wissend, als die Freundinnen ihr versprachen, sie würden ihr den Videofilm zeigen, damit sie sehen könnte, was eine Zehn bedeutete.

Die Dinge sind selten so, wie sie scheinen. Die dynamischen Macher aus dem Westen, die Indien wie große weiße Haie verschlangen, hatten alle auch noch eine andere Seite, und die ermöglichte es ihnen, tiefer in das Wesen des Subkontinents einzudringen. Nach jedem Vortrag stellten sie höchst kluge Fragen über politische und wirtschaftliche Vorgänge in Indien. Wann hatten sie nur Zeit, sich über solche Dinge Gedanken zu machen? Die ganze Woche über hatte man pausenlos von allen

Seiten auf sie eingeredet. Wurde man dadurch zu einem Dynamo der heutigen Welt, daß man mit der Kapazität einer menschlichen Diskette einfach Informationen speicherte und dann Geld daraus machte?

Es war ein Geheimnis. Ein fast genauso großes Geheimnis wie die Abschlußveranstaltung der »India 86«. »Ziel: geheim« hieß es auf den Einladungskarten. Dunkle Krawatte, Abendkleid. Am nächsten Morgen würden sie alle verschwunden sein.

Die jungen Millionäre hatten Fertiggerichte in Dosen mitgebracht, weil man doch wußte, daß es in Indien viele Krankheiten gab. Nun verteilten sie die Dosen an die verwunderten Studenten der Universität von Delhi, die sie durch die Stadt geführt hatten. Dann kamen die Experten für Turban und Sari. Zwei Stunden lang wanden sie Turbane für die Häupter junger Präsidenten und wickelten Saris um die Taillen der etwas wagemutigeren Ehefrauen. Begeistert über ihr neues Erscheinungsbild bahnten sich diese einen Weg durch das Foyer, gespannt auf das geheime Ziel.

Da unterbrach ein Fanfarenstoß das Stimmengewirr der tausend Gäste. Eine Schar einstiger indischer Herrscher schritt, in königliche Gewänder gehüllt und huldvoll nickend, durch die Menge, die Marmorstufen hinab auf die Bentleys und Rolls Royces zu, die hinter den Pferdekutschen und geschmückten Elefanten standen. Die Prozession mit geheimem Ziel setzte sich in Gang.

Die Millionäre strömten hinterher, kletterten in Sänften, die von livrierten Trägern getragen wurden, auf Kamele oder Pferde. Oder sie gingen zu Fuß, denn so konnten sie das Spektakel am besten genießen: die von Gurkha-Soldaten gesäumte Straße, dahinter Hunderte von Fackelträgern mit den traditionellen Schärpen. Unter den Pfeifenklängen indischer Hochzeitskapellen und den neugierigen Blicken der Einheimischen zogen wir durch den Haupteingang des Hotels unserem geheimen Ziel entgegen – und das war, wie sich herausstellte, der Hintereingang desselben Hotels.

Entlang dem Weg zum Hintereingang standen Lanzenreiter

zu Pferde Spalier. Wunderschöne junge Mädchen mit langen Röcken in traditionellem Rot und Ocker legten den Damen Blumengirlanden um den Hals, tupften den jungen Präsidenten roten Puder auf die Stirn und versprengten duftendes Rosenwasser. Zu unserer Linken spielte eine vollzählige Militärkapelle in weißen Uniformen, die vor dem Hintergrund dunkler Rasenflächen leuchteten, vizekönigliche Melodien, während die Ex-Herrscher vor den Unternehmern her in ein Mogulzelt schritten, in dem Champagner gereicht wurde. Es war ein märchenhaftes Finale. Alle Elemente der indischen Kultur – Mogulreich, britische Kolonialherrschaft, Hindu-Rituale, zeitgenössische Hochzeitsbräuche, die Maharadschas: wie die fünf wichtigsten Saucen der indischen Küche – wurden vorgeführt, um die übersättigten Erfolgreichen zu beeindrucken. Und um vielleicht Investitionen ins Land zu holen.

Ein riesiger Gong aus Messing ertönte, danach lautes »Hoshiar! Hoshiar!«, der Ruf, mit dem die Eunuchen einstmals dem Harem kundgetan hatten, daß der Herrscher nahte. Für uns war es das Zeichen, die Champagnergläser zu leeren und den Maharadschas in den Speisesaal zu folgen.

Den ganzen Abend über wurden unsere silbernen Teller nicht leer, laufend legten Diener Kebab- und Currygerichte, indisches Brot und Gemüse nach, Wein und Champagner flossen in Strömen, und Likör verkürzte uns die Wartezeit bis zum Auftritt der Band.

Vier Stunden lang spielte eine indische Tanzkapelle Melodien, die den jungen Präsidenten offensichtlich gut gefielen, denn die Tanzfläche war bald zu klein für die vielen Dynamos der Wirtschafts- und Finanzwelt, und sie walzten in den Gängen.

Der Herr zu meiner Linken, ein Mitglied im Kabinett Seiner Majestät des Königs von Thailand, merkte lakonisch an, am Vormittag habe er vor den kühnen Tänzern einen Vortrag über Geburtenkontrolle in der Dritten Welt gehalten.

»Übrigens, haben Sie einen Schlüsselanhänger?« fragte er mich. Während ich in meiner Handtasche herumwühlte, hörte ich, wie einer der jungen Präsidenten vorne auf der Bühne unter dem Applaus seiner Kollegen seelenvoll *Feelings* sang.

»Tut mir leid, ich habe gar keine Schlüssel bei mir.«

Der Minister griff in sein elegantes Abendjacket und förderte einen Schlüsselanhänger zutage. Ich schaute ihn mir genauer an: Es war eine Plastikkugel mit dem Aufdruck »Im Notfall Glas einschlagen«. Der Minister holte eine Kerze heran, damit ich erkennen konnte, was in der Plastikkugel steckte – ein leuchtendblaues Kondom.

Jemand zog mich von meinem Stuhl und schob mich auf die Sänger zu. War das ein Notfall? Würde jetzt das leuchtendblaue Kondom helfen? Oder sollte ich den Schlüsselanhänger aufheben für den Fall, daß ich bei der nächsten Konferenz im nächsten Jahr wieder eine Rede halten müßte?

Die »India 86« war zu Ende. Die Menschen auf der Tanzfläche hatten sich an den Händen gefaßt und sangen die Hymne aller Hungernden in Afrika *We Are the World We Are the People.*

In der Broschüre der Vereinigung junger Präsidenten stand zu lesen: »Wenn Ihnen der Film ›Jenseits von Afrika‹ gefallen hat, werden Sie von der Konferenz ›Afrika 87‹ begeistert sein.«

# 10

## *Maschineschreiben*

Es ist ein Skandal!« empörte sich die französische Intellektuelle mit einer Leidenschaft, wie sie nur den energischen Menschen aus dem Westen zu Gebote steht. Ich schaute mich nervös auf dem Bazar um. Kleine Jungen in zerschlissenen kurzen Hosen spielten auf einem dreckigen Hof mit Plastiktüten Fußball.

Wir schrieben das Jahr 1996, und wir befanden uns in einem der riesigen Ladenzentren, die in allen großen indischen Städten wie Pilze aus dem Boden schießen – scheußliche Gebäude mit nackten Betonwänden und roten Spuren von Betelsaft auf den abgewetzten Stufen.

Der Geruch von schlecht gegerbtem Leder mischte sich mit Essensgerüchen aus den Imbißständen in den Ecken, wo die Kunden sich stärkten, nachdem sie in einem der vielen Videogeschäfte ihre Abendunterhaltung ausgeliehen hatten. Die Gerüche setzten sich in der Garderobe auf den unzähligen Kleiderständern der überfüllten Gänge fest; vor den Türen vollgestopfter, viel zu kleiner Läden türmten sich Schuhe in wackligen Pyramiden. Aus den Plattengeschäften dröhnte Filmmusik, so laut, daß jede normale Unterhaltung unmöglich war und die Schüler in den Computerschulen, die aus zwei Tischen, zwei Stühlen und zwei Geräten bestanden, sich nicht mehr auf ihre geliehenen Tastaturen konzentrieren konnten.

»Was ist ein Skandal?« fragte ich. In Anbetracht der vielen Möglichkeiten wußte ich nicht, was meine Begleiterin so empört hatte.

»Die Videos!« fauchte sie und deutete auf ein aufdringliches Filmplakat in einem Schaufenster. Ich sah mir das Plakat genauer an. Es strahlte eine gewisse Vitalität aus, und mir fiel das indische Hotel ein, das die abendliche Stripshow mit dem Schriftzug ankündigte: *Das müssen Sie gesehen haben. Die muntere Gwendolina zeigt alles.* Nicht einmal eine französische Intellektuelle konnte in einem indischen Bazar Ästhetik erwarten.

»Wissen Sie, was diese Videofilmer machen?« fuhr sie ärgerlich fort, und ich ahnte, daß etwas Schlimmes kommen würde. »Sie haben religiöse Zeremonien aufgenommen! Stellen Sie sich vor, Sie drücken auf einen Knopf am Videorecorder, auf dem Bildschirm taucht ein Priester auf, und Sie können sich vor dem Fernseher hinknien und beten.«

Ich starrte sie in sprachloser Erleichterung an. Sie schwenkte ein besticktes Baumwollhemd vor meinem Gesicht, empört und voller Ungeduld über meine offensichtliche Begriffsstutzigkeit. »Verstehen Sie denn nicht? Die Menschen beten Videofilme an!«

Und was ist daran so schlimm? dachte ich bei mir. Videofilme anbeten? Halb so wild. So ist Indien eben. Wir beten Klimaanlagen und Computer und Registrierkassen und Ochsenkarren an – in einem alljährlichen Zeremoniell, das Waffenanbetung genannt wird.

Jahrtausendelang glaubten die Inder, der Mensch zeichne sich gegenüber seinen Mitgeschöpfen durch seine Fähigkeit aus, Werkzeuge herzustellen. Indem wir unsere Werkzeuge ehren, ehren wir unsere menschliche Erfindungsgabe, und der Tag der Waffenanbetung hat seinen Ursprung bei den Kriegern, die ihre Werkzeuge, die Waffen, ehrten. Heute schmücken die Menschen die Maschinen, mit denen sie arbeiten, mit Blumenkränzen und hoffen auf günstige Zeichen. Oder wenigstens auf irgendein Zeichen. Und so bringen sie am Tag der Waffenanbetung ihren Maschinen zinnoberrot bemalte Kokosnüsse dar und besänftigen sie mit so vielen Räucherstäbchen, daß sie hinter wohlriechenden Rauchwolken verschwinden.

In unserem elektronischen Zeitalter tauchen neue Maschinen mit solcher Geschwindigkeit auf, daß es gut und gerne länger als einen Tag dauern kann, sie zu verehren. Noch vor wenigen Jahren durften wir keine Farbfernsehgeräte importieren. Heute produzieren wir Farbfernsehgeräte selbst. Computer, Faxgeräte, Anrufbeantworter und der ganze übrige Schnickschnack, der es ermöglicht, daß Menschen rund um den Globus jederzeit kommunizieren können, sind *Made in India* und haben uns den Weg in die Zukunft gebahnt.

Vor wenigen Jahren war unser Telefonsystem schlichtweg eine Katastrophe. Einen Telefonanschluß bekam man praktisch nur in der Stadt, nachdem man jahrelang gewartet und üppiges Bestechungsgeld bezahlt hatte. Heute können die Bauern dank der überall auf dem Land verfügbaren öffentlichen Telefone der Knute habgieriger Vermittler entgehen, indem sie den Marktpreis für ihr Getreide selbst aushandeln.

Das Handy, ständiger Begleiter des erfolgreichen Städters, findet allmählich auch den Weg in abgelegene ländliche Gebiete Indiens. Manchmal sieht man einen Dorfbewohner vor seinem Haus aus Lehm und Stein auf dem traditionellen Gurtbett liegen, im Hintergrund sind ein oder zwei Ochsen angebunden, etwas abseits steht ein indisches Auto im Schatten eines Baumes. Der Bauer zieht an der Wasserpfeife und spricht in sein Handy. Wahrscheinlich geht es um ein Grundstücksgeschäft, weil sich die Stadt immer weiter ausdehnt und bald seine Felder erreichen wird. Oder er erkundigt sich auf dem Getreidemarkt nach den aktuellen Preisen. Oder er bestellt einen in Indien hergestellten neuen Traktor.

Die Dynamik unserer wirtschaftlichen Entwicklung zeigt sich auf den überfüllten Straßen unserer Städte. Wann haben die Inder all die Autos gekauft, mit denen sie so halsbrecherisch herumfahren, und all diese schrecklichen Hupen, die sie drücken, sobald sie den Zündschlüssel gedreht haben, und dann nicht mehr loslassen? Was machen die ganzen Bennetton-Läden neben den traditionellen Sari-Händlern, die Coca-Cola-Reklamen neben den Reklamen für gefriergetrocknete Gewürze? Was sollen die Cyber-Cafés neben den Kebab-Restaurants? Ist das der demonstrative Konsum, den wir so lange verabscheut haben? Oder ist es das alte Indien in einer neuen Zeit, das entschlossen ist, jede sich bietende Gelegenheit zu seinem Vorteil zu ergreifen?

Es hat lange gedauert, bis die Gelegenheiten sich boten. Jahrzehntelang erstickte alles im Würgegriff des Staates, und erst unter dem Druck einer wirtschaftlichen Krise in den neunziger Jahren wurden die Reformen durchgeführt, die Indiens riesiges unternehmerisches Potential freisetzten. Ein Blick ins Fernsehprogramm vermittelt einen Eindruck von der Fülle der Güter, die der indische Verbraucher erwerben kann, ein Blick in die Morgenzeitung zeigt, daß Scharen ausländischer Investoren bereitstehen und den Kampf mit den byzantinischen Regeln der indischen Bürokratie aufnehmen wollen, damit sie nur ja den Anschluß an den indischen Wirtschaftsboom nicht verpassen.

Jemand hat einmal gesagt, was der westliche Mensch als ein Recht betrachte, sehe der Inder als eine Gelegenheit. Seit fast zwei Jahrhunderten wissen wir, daß die Gelegenheit untrennbar mit Kommunikation verbunden ist. Mit Kommunikationsmitteln wurden wir beherrscht: mit den Telegraphen, Zügen und der stetig wuchernden Bürokratie des britischen *raj*. Wir warteten begierig auf den Tag, da wir die Kommunikationsmittel endlich selbst in der Hand haben würden, und als die Briten das Land verließen, stieg die Zahl der Universitäten von vier auf über neunzig. Die Zahl der Studenten wuchs kontinuierlich, unsere größten Universitäten in Kalkutta und Delhi, Madras und Bombay haben heute jeweils mehr als hunderttausend Studenten und weisen jedes Jahr zweihunderttausend Bewerber zurück. Fünf Millionen Inder beenden jährlich mit einem Abschluß in der Tasche ein Hochschulstudium, und aus den technischen Ausbildungsinstituten gehen ständig Scharen von Wissenschaftlern und Ingenieuren hervor. Früher war der Traum jedes gut ausgebildeten Inders eine Anstellung bei der Regierung – das bedeutete festes Einkommen und einen sicheren Arbeitsplatz.

Die Träume ändern sich. Allenthalben rechnet man damit, daß es in Zukunft weniger Regierungsjobs geben wird, die auch weniger sicher sein werden, während der privatwirtschaftliche Sektor expandiert und höhere Gehälter zahlt.

Früher wurde folgender Witz über den Bundesstaat Kerala erzählt, aus dem die meisten Regierungsbeamten kommen, weil dort mehr Menschen als in den anderen Bundesstaaten lesen und schreiben können. Viele politisch bewußte Menschen dort sind Kommunisten.

Ein Mann aus Kerala wird gefragt: »Sind Sie Kapitalist oder Marxist?«

Und er antwortet: »Ich bin Stenotypist.«

Heute will niemand mehr Stenotypist sein oder an der Schreibmaschine sitzen. In den häßlichen indischen Einkaufszentren gab es früher mehrere nur aus einem Raum bestehende Schulen, in denen Maschineschreiben unterrichtet wurde. Heute sind das alles Computerschulen, Zeichen für den Drang nach Ausbildung und Fortbildung, der für den Inder typisch ist.

Vor allem anderen sind die Inder schlau. Sie spüren, daß der Wind mittlerweile aus einer anderen Richtung weht und daß aus dieser Richtung Geld kommen wird.

Vor fünf Jahren arbeiteten nur fünftausend Inder an Computern. Heute verdienen zweihundertfünfzigtausend Inder ihr Geld mit der Erstellung von Computer-Software, die von den Weltmarktführern rund um den Globus verwendet wird. Und morgen werden vielleicht schon fünfhunderttausend Menschen in der Computerindustrie arbeiten – unser jüngster Industriezweig wächst auch besonders stürmisch, und wir exportieren bereits Elektronikprodukte für eine halbe Milliarde Dollar.

Doch es gibt immer noch zu viele Inder, die weder ihren Namen schreiben noch eine Zahl lesen können, und das ist ein erhebliches Hindernis für unsere künftige Entwicklung. Heute können neunzig Prozent der Südkoreaner lesen und schreiben, aber nur fünfzig Prozent der Inder – eine Folge der Tatsache, daß Premierminister Nehru einseitig die höhere Bildung förderte und daß Elementarbildung auch im dritten Fünfjahresplan während der Amtszeit von Indira Gandhi nicht an vorderster Stelle der Prioritäten rangierte, obgleich Bildung zu einem höheren Lebensstandard und einem Rückgang des Bevölkerungswachstums führt.

Zur großen Erleichterung der Armen steht die Elementarbildung inzwischen endlich an erster Stelle bei uns. Armut ist gleichermaßen eine seelische Verfassung und ein wirtschaftlicher

Zustand, sie ist Hoffnungslosigkeit, das Wissen, daß sich die Dinge niemals ändern werden. Sobald es nur die kleinste Öffnung in dieser kahlen Wand der Verzweiflung gibt, stürzen sich die Armen als erste darauf. Bildung ist für sie eine Frage von Leben und Tod. Wenn ein Bauer auf dem Land gefragt wird, was er sich wünscht, lautet die Antwort immer »Bildung für meine Kinder«. Und wenn ein Inder in einer beliebigen großen oder kleinen Stadt gefragt wird, was er sich wünscht, ist die Antwort genau die gleiche.

Die nicht ganz so Armen teilen die Begeisterung für Bildung. Der Ansturm auf höhere Schulen und Universitäten ist so gewaltig, daß bereits dreijährige Kinder eine Prüfung für die Zulassung zum Kindergarten ablegen müssen. Überall in Indien hängen an Laternenmasten und Bäumen Zettel mit Nachhilfeangeboten für Grund- und Oberschüler. Die Eltern zahlen viel Geld – die offizielle Bezeichnung ist Schulgeld, tatsächlich aber handelt es sich um Bestechungsgeld –, um ihren Kindern einen Platz in einer Privatschule zu sichern. Ich lernte den Präsidenten der renommiertesten amerikanischen Wirtschaftsschule kennen, als er in Indien seinen Urlaub verbrachte. Er erzählte tief beeindruckt, wie viele Eltern ihn in den verschiedenen Hotels aufgespürt, ihn gebeten, gebettelt und angefleht hätten, er möge ihre Kinder doch in seiner Schule aufnehmen.

Die Anforderungen des modernen Lebens sind uns mitnichten fremd. Ärzte, Ingenieure, Laboranten, Volks- und Betriebswirtschaftler – auf der mittleren technologischen Ebene sind die Inder Spitze. Und jeden technischen Fortschritt greifen sie bereitwillig auf.

Wenn die Wissenschaftler im kalifornischen Silicon Valley langsam müde werden, erwachen die Wissenschaftler in Bangalore, dem asiatischen Silicon Valley, und denken an denselben Problemen weiter, die ihre amerikanischen Kollegen am Tag zuvor zu lösen versuchten. Sie nutzen die Möglichkeit der Elektronik, Informationen rund um die Uhr und rund um den Globus auf Datenautobahnen auszutauschen.

Nun stellt sich vielleicht die Frage, warum verhältnismäßig

wenig Wissenschaftler aus Indien ins Ausland abwandern. Viele sagen, sie wollten in ihrer Kultur mit den engen Familienbindungen und vielen Festtagen bleiben – wo religiöse Zeremonien ohne weiteres auf Video aufgenommen werden und wo Zeitungen über die Beliebtheit von mythologischen Sendungen im Fernsehen ruhig unter der Überschrift berichten können *Götter am Werk.*

Tiefverwurzelter Pragmatismus ist Indiens Rettung, denn er ermöglicht eine Lebensweise, bei der die Maschine ein Werkzeug des Menschen bleibt, anstatt daß der Mensch zur Maschine wird. Einem Menschen aus den westlichen Ländern ist das schwer zu erklären. Darum war der elektronische Gottesdienst für die empörte französische Intellektuelle ein Skandal, für mich hingegen ein feierlicher Akt.

Für mich liegt der wahre Skandal darin, daß vierhundert Millionen Inder noch keine Maschinen haben, die sie verehren können.

# 11
## *Träumen*

Für uns Inder ist es entmutigend, über Malaysia, Südkorea, Singapur, Thailand und Indonesien zu lesen. Wegen ihrer boomenden wirtschaftlichen Entwicklung heißen unsere Nachbarn die »südostasiatischen Tiger«. Zu meinem Bedauern wird Indien von Analytikern rund um die Welt immer als »Tiger im Käfig« bezeichnet: ein Land, das sein enormes Potential noch nicht richtig ausgeschöpft hat.

Und dann lese ich Vergleiche von Indien und China. Indien ist der Elefant, China der Hase.

Eines Tages ruft mich ein Banker aus London an. Er arbeitete gerade an einer Analyse des indischen Marktes.

»Stimmt es, daß es in Indien zwanzig Millionen Dollar-Millionäre gibt?« fragt er ehrfurchtsvoll.

Teure Telefoneinheiten schwinden dahin, während der Banker und ich schweigend überlegen, was eine solche Aussage bedeutete. Zwanzig Millionen von uns? Dollar-Millionäre? Könnte das stimmen? Wer sind wohl diese Millionäre? Und wie sind sie zu ihrem Geld gekommen?

Ich vermute, einige hatten vom blühenden Schwarzmarkt profitiert, den unsere Regierung mit ihrem Programm zum »Schutz der Armen« geschaffen hatte. Einige waren sicher durch das »licence raj« reich geworden, weil sie die Industriezweige zu ihrem Monopol gemacht hatten, deren Monopolisierung die von der Regierung verfügten Beschränkungen gerade verhindern sollten. Manche waren wohl Aktienhändler, die die Märkte über jedes vernünftige Maß hinaus aufgebläht hatten, denn nach der Verstaatlichung vieler Unternehmen war bei der Jagd nach zu wenigen Anteilen zuviel Geld im Umlauf. Wieder andere dürften zu Geld gekommen sein, weil sie ein Haus besaßen und das explosionsartige Wachstum der schlecht geplanten indischen Städte die Bodenpreise in schwindelerregende Höhen trieb; die Grundstückspreise in einer indischen Stadt liegen heute über denen von New York und London. Und nur allzu viele waren einmal arme Politiker und Beamte gewesen.

Aber der ärmste Inder ist immer noch ärmer als ein Afrikaner südlich der Sahara. Es müßte nicht so sein. Wir sind ein sparsames Volk, haben genug Arbeitskräfte und ein stabiles politisches System – das hätte ausgereicht, um schon vor langer Zeit ein wirtschaftlicher Tiger zu werden. Doch leider planten unsere politischen Führer unseren Lebensweg mit der gleichen Willkür, mit der die europäischen Mächte im 19. Jahrhundert auf dem Subkontinent die Landesgrenzen festlegten, und das hatte zur Folge, daß ein Land mit viermal soviel Einwohnern wie Amerika gerade soviel Güter erzeugt wie Holland.

Sie hätten sich nur in der Welt umsehen müssen: Befreit von den Beschränkungen, die im eigenen Land gelten, entfalten Inder im Ausland lebhafte ökonomische Aktivitäten. Warum geht das zu Hause nicht? Warum können wir nicht mehr produzieren als Holland?

Mit Versuchen, die Armut zu überwinden, verstrickte uns ein indischer Premierminister nach dem anderen immer tiefer in die Armut.

In den fünfziger Jahren träumte Nehru davon, wir könnten durch schnelle Industrialisierung Selbstversorger werden, und vernachlässigte die Bedürfnisse des ländlichen Indien.

Die Erfolge der Grünen Revolution der sechziger Jahre wurden in den siebziger Jahren durch exzessive Zentralisierung und immer weiter ansteigende Subventionen für Bauern aufgezehrt.

In den achtziger Jahren traten an die Stelle von Rajiv Gandhis Bemühen um ein neues Indien schon bald wieder die Machenschaften des alten Indien, und Gandhis Nachfolger, V. P. Singh, interessierte sich weniger für wirtschaftlichen Fortschritt als für politischen Wandel.

In den neunziger Jahren konnte man die wirtschaftlichen Notwendigkeiten nicht länger ignorieren. Bis dahin hatten wir unsere

Schulden immer pünktlich bezahlt. Nun waren unsere Devisenbestände so weit zusammengeschmolzen, daß unsere Goldreserve nach London transportiert und dort für internationale Kredite verpfändet wurde. Die internationalen Kreditagenturen stellten umgehend ihre Forderungen auf und verlangten, Indien müsse den öffentlichen Sektor verkleinern, die Subventionen für die Landwirtschaft verringern und das Steuersystem reformieren.

Im Jahr 1991 unternahm Premierminister Rao den heiklen Balanceakt, das knirschende Räderwerk des indischen Sozialismus in eine marktwirtschaftliche Ordnung zu überführen.

Heute steht Indien an der Schwelle zu einem neuen Jahrtausend, und die neuen Parolen heißen »Wachstum« und »Chancen«. Wird es mit ihrer Hilfe gelingen, den Käfig zu öffnen und den indischen Tiger zu befreien? Können wir den chinesischen Hasen einholen?

Sehen wir uns einmal an, was auf unserer Habenseite steht: Zweihundertfünfzig Millionen Inder gehören zur stetig wachsenden Mittelschicht. Darüber hinaus können sich vierhundert Millionen Inder lebenswichtige Güter leisten, das bedeutet eine riesige Menge an Kleidung und Küchengeräten. Trotz unseres schleppenden Wirtschaftswachstums haben wir heute schon einen Markt von einer halben Milliarde Menschen. Dieser Markt muß sich noch vergrößern, dann würde sich unsere Mittelschicht verdoppeln; und jeder Inder sollte sich lebenswichtige Güter leisten können. Dann werden wir einen Markt von fast einer Milliarde Menschen haben und statt zwanzig Millionen Dollar-Millionären zweihundert Millionen. Mehr als in den Vereinigten Staaten existieren. Genauso viele Dollar-Millionäre, wie in den Vereinigten Staaten Menschen leben.

Nichts kann uns aufhalten – außer der politische Opportunismus, die große Bedrohung der indischen Wirtschaft, fordert seinen üblichen Preis.

Die Demokratie ist eine Zeitbombe, und wir sind die größte Demokratie der Welt. Wir sind auch, wie der Schriftsteller V. S. Naipaul sagte, das Land, in dem bis heute eine Million Aufstände stattgefunden hat.

# 12
## *Schreiben*

Im letzten Jahrzehnt des vorigen Jahrhunderts, als das grausame Kastensystem noch immer Millionen von Indern jeglichen Zugang zu einer Ausbildung verwehrte, öffnete der Herrscher von Baroda, einem der größten Fürstentümer Indiens, das Bildungswesen für alle Kasten.

Die Kastenzugehörigkeit bestimmte früher wie die Zünfte, welcher Arbeit ein Mann nachging. Im alten Indien hatte gleichwohl ein Angehöriger der untersten Kaste, der Weise Vyasa, das große religiöse Epos *Mahabharata* verfaßt, und der Sohn einer Frau aus einer niedrigen Kaste hatte das große Maurya-Reich geschaffen. Dessen Enkel, der Herrscher Ashoka, konvertierte zum Buddhismus, und seine bedeutenden Universitäten verbreiteten die Lehren Buddhas, so daß sie schließlich zur Religion Asiens wurden.

Doch im Laufe der Jahrhunderte degenerierte das Kastensystem, und letzten Endes war mit der Geburt unausweichlich festgelegt, welche Tätigkeit ein Mann im Leben verrichten würde. Die zur untersten Kaste gehörenden Straßenkehrer und Abfallsammler galten als die Ausgestoßenen, schon ihr Schatten befleckte jeden Angehörigen einer anderen Kaste. Sie wurden die Unberührbaren genannt.

Wenn ein Unberührbarer sich um Bildung bemühte, riskierte er die Todesstrafe. Die Gesetzbücher des Manu, denen die orthodoxen Hindus folgten, schrieben die jeweils erforderliche Strafe vor. Wenn ein Unberührbarer etwa zufällig Sanskrit gehört hatte, die Sprache der Schriften, sollte ihm zur Strafe geschmolzenes Blei ins Ohr gegossen werden.

Nachdem in Baroda Bildung für alle zugänglich geworden war, lernte ein Junge aus der Kaste der Unberührbaren mit so großem Eifer, daß er schließlich an der geisteswissenschaftlichen Fakultät der Universität Bombay einen akademischen Grad erwerben konnte. Danach bekam er ein Stipendium für die Columbia-Universität in New York. Er kehrte als Doktor der Philosophie aus den Vereinigten Staaten zurück und ging dann noch nach London, wo er zusätzlich einen Doktortitel in den Naturwissenschaften erwarb.

Zweimal hatte der Unberührbare das Unmögliche vollbracht. Aus dem Jungen aus der untersten Kaste wurde Dr. Ambedkar.

Er kehrte nach Indien zurück. Zu dieser Zeit prägte Mahatma Gandhi für die Unberührbaren den Begriff *harijan*: Kinder Gottes. Doch Dr. Ambedkar wußte, daß ein Unberührbarer – gleichgültig, wie er genannt wurde – nach wie vor der Abfall der hinduistischen Religion war, die lebende Hölle, aus der jeder Hindu sich durch gute Taten zu befreien hoffte, damit er im nächsten Leben auf einer höheren Stufe wiedergeboren werde.

Dr. Ambedkar war entschlossen, den riesigen Kontinent zu verändern, auf dem immer noch fast ein Drittel der Bevölkerung unter der Kastendiskriminierung litt. Und so erwarb er einen weiteren akademischen Grad in London, diesmal in den Rechtswissenschaften.

Im Jahr 1946 wurde eine Kommission berufen, die eine Verfassung für das unabhängige Indien ausarbeiten sollte, und 1947 wurde Dr. Ambedkar der Vorsitz übertragen.

Die Ausarbeitung der Verfassung dauerte vier lange Jahre. In dieser Zeit wurde der Subkontinent von Aufständen erschüttert, bei denen eine Million Menschen umkamen und sieben Millionen ihr Zuhause verloren. Die Briten verließen das Land. Fünfhundert unabhängige Herrscher schlossen ihre Fürstentümer zu den beiden Staaten Indien und Pakistan zusammen, der westliche und der östliche Teil von Pakistan waren durch anderthalbtausend Kilometer indisches Staatsgebiet getrennt. Am Tag nach der Unabhängigkeit der beiden neuen Staaten Indien und Pakistan verkündete Großbritannien die verhaßten Teilungsbeschlüsse, und der Subkontinent versank im blutigen Chaos, als Hindus, Muslime und Sikhs in einer der größten Völkerwanderungen der Menschheitsgeschichte aus ihrer angestammten Heimat flohen.

Und inmitten des wilden Aufruhrs ging die Arbeit der Verfassungskommission unter dem Vorsitz von Dr. Ambedkar weiter.

Dr. Ambedkar studierte nicht nur die Verfassungen westlicher Staaten, sondern auch Indiens großes Werk über die Regierungskunst – das Arthashastra aus dem vierten vorchristlichen Jahrhundert, als dessen Verfasser Kautilya gilt, Minister am Hof des Maurya-Herrschers Chandragupta.

Und Dr. Ambedkar studierte auch die Geschichte.

Bei der dritten, abschließenden Lesung des Gesetzes, das die indische Verfassung in Kraft setzte, sagte er: »Es ist ja nicht so, als ob Indien nicht wüßte, was Demokratie bedeutet. Es gab eine Zeit, da war Indien übersät mit Republiken. Indien weiß auch bereits, was ein Parlament ist und wie es arbeitet. Die buddhistischen Mönchsorden, die *sangha*, kannten Regeln für die Sitzordnung, für das Einbringen von Anträgen und Entschließungen, für die Beschlußfähigkeit und das Abstimmen in Gruppen, für die Stimmenauszählung, geheime Abstimmung, Mißtrauensanträge, für die Verabschiedung von Gesetzen, die Rechtskraft und so weiter. Die Regeln hatten sie von den politischen Versammlungen im Land übernommen. Dieses demokratische System hat Indien verloren. Wird es ein zweites Mal verloren gehen? Wenn wir die Demokratie nicht nur der Form nach, sondern in ihrem Gehalt bewahren wollen ..., müssen wir die Warnung von John Stuart Mill ernst nehmen. Er hat zur Erhaltung der Demokratie geraten, die demokratischen Freiheiten niemals einem einzigen Manne, und sei er noch so groß, zu Füßen zu legen und keinem einzelnen so viel Macht zu geben, daß er die demokratischen Institutionen beseitigen kann. Wie der irische Patriot Daniel O'Connell so treffend sagte, kann kein Mann aus Dankbarkeit seine Ehre opfern, keine Frau ihre Tugend und keine Nation ihre Freiheit. Heldenverehrung ist der sichere Weg ins Verderben und endet in der Diktatur.«

Am 26. Januar 1950 wurde die Unabhängige Republik Indien formell proklamiert. Ihre Verfassung garantiert:

»Der Staat versagt niemandem die Gleichheit vor dem Gesetz.

Der Staat diskriminiert keinen Bürger aus Gründen der Religion, der Rasse, der Kastenzugehörigkeit oder des Geschlechts.

Die ›Unberührbarkeit‹ ist abgeschafft, und niemand darf in irgendeiner Form als Unberührbarer behandelt werden.«

Dann bereitete sich Indien auf die ersten allgemeinen Wahlen vor. Aus diesem Anlaß mahnte der Rechtswissenschaftler aus der Kaste der Unberührbaren, der die indische Verfassung geschrieben hatte, das indische Volk, daß eine Verfassung nur ein Stück Papier bleibe, solange sie nicht in die Herzen der Staatsbürger eingeschrieben sei.

# 13

# *Volkes Stimme*

Wegen ihrer schieren Größe bietet die indische Demokratie ein einzigartiges Schauspiel. Wo sonst auf der Welt würden hunderttausend nackte *sadhus,* Eremiten, mit verfilztem Haar ihre Meditation unterbrechen, aus ihren Berghöhlen herabsteigen und die hochaufragenden Tore des indischen Parlaments erklimmen – die zum ersten Mal geschlossen sind, um der andrängenden Masse der heiligen Männer Einhalt zu gebieten, die, eiserne Dreizacke schwingend, in die Zitadelle des Staates eindringen und dafür sorgen wollen, daß das Schlachten von Kühen verboten wird?

Wo sonst würden Hermaphroditen und Eunuchen, in leuchtend bunten Saris und schwer mit Juwelen behangen, einen Protestmarsch in die Hauptstadt unternehmen, um gegen Familienplanung zu demonstrieren – weil sie die statistische Chance verringere, daß Menschen wie sie geboren würden?

Solche Szenen legen die Vermutung nahe, daß die Idee des Nationalstaates, die wir so gedankenlos vom Europa des 19. Jahrhunderts übernommen haben, unsere Vielseitigkeit zu sehr einschränkt. Auch nach einem halben Jahrhundert Unabhängigkeit besitzen wir noch das hochempfindliche Gespür eines kolonisierten Volkes, das vergebens versucht, ein europäischer Nationalstaat zu werden.

Und die indischen Politiker behaupten, nur sie allein wüßten, wie ein solcher Nationalstaat auszusehen habe, denn nur sie allein kennten die »wahren indischen Massen«.

Glücklicherweise sind die wahren indischen Massen immer für eine Überraschung gut – wie unser erster Premierminister bei einer Reise durch die Stammesgebiete im Nordosten des Landes feststellen konnte.

Die Stämme in den Berggebieten im Nordosten wehren sich häufig dagegen, daß Holzhändler, die reichlich Geld in staatliche Kassen fließen lassen, ihre Wälder abholzen. Doch wenn ein Stammesangehöriger sich nach Delhi aufmacht, um dort gegen die Abholzung zu protestieren, endet der Besuch unweigerlich mit einer Zeremonie, die nach Ansicht des indischen Premierministers der Gipfel aller Wünsche für einen Besucher aus dem Urwald sein muß – ein gemeinsames Foto mit dem Führer der Nation, der in unbekümmerter Solidarität irgendeinen seltsamen Stammeskopfschmuck trägt.

So begleitete denn auch eine Schar Pressefotografen Premierminister Nehru 1957 auf seiner publikumswirksam gestalteten Reise in den Norden. Während das Flugzeug mit dem Premierminister an Bord über dem Tal kreiste, versammelten sich unten Hunderte von buntgekleideten Gestalten: Stammesangehörige, die aus unzugänglichen Berggebieten gekommen waren, um den indischen Regierungschef zu begrüßen.

Die Stammeshäuptlinge trugen großen Kopfschmuck aus Federn, Perlen und Hörnern, wie würdige östliche Verwandte Moctezumas. Da standen junge Frauen, deren langes schwarzes Haar bis zu den Oberschenkeln hinunterfiel, daneben Matronen in gewebten Tüchern und Sarongs. Hübsche junge Männer mit kindlich glatten Gesichtern und anmutig schrägen Augen trugen steife Stammesgewänder, die ihre kräftigen Körper ahnen ließen, eine muskulöse Schulter bedeckten und die andere nackt ließen, damit dieser Arm ungehindert einen Speer oder Bogen führen konnte.

Das Flugzeug landete, ein großer weißer Vogel mit einem Wappen an der Seite: Kaiser Ashokas Wahrheitssäule, das Symbol der indischen Nation. Erschraken die Stammesangehörigen mit ihren kindlichen Gemütern vor diesem Wunder der Luftfahrt, das sich mit seiner Fracht demokratischer Göttlichkeit aus dem Himmel zu ihnen herabsenkte? Liefen sie schutzsuchend davon? Mitnichten, sie standen reglos da mit ihrem wippenden Haarschmuck und beobachteten, wie die Besatzung aus dem Flugzeug sprang und die Gangway befestigte, damit der Premierminister aussteigen konnte. Pressefotografen drängten zum Ausgang und rangelten um die besten Plätze.

Schließlich erschien der große Mann höchstpersönlich – und wurde mit so tiefem Schweigen empfangen, daß selbst die Journalisten in seinem Troß verstummten. Mit Sinn für die Größe eines historischen Augenblicks schritt er feierlich die Gangway herab. Zweifellos rechnete er damit, daß dieses kriegerische Volk ihm mit einer farbenprächtigen Ehrenkompanie einen würdigen Empfang bereiten wollte.

Und ich finde, das taten sie auch. Kaum hatte er festen Boden unter den Füßen, da drehten sie sich alle mit militärischer Präzision um und hoben ihre farbenprächtigen Sarongs hoch. Und der Premierminister von Indien wurde von Hunderten nackter Hinterteile begrüßt.

# 14

## *Management-Krise*

Das moderne Indien ist eine Fiktion.

Eine Fiktion auf der Suche nach einer Verwaltung.

Die Visionen einer früheren Generation – Freiheit, Gleichheit, Gewaltlosigkeit – haben sich im Laufe von mehr als fünfzig Jahren in die Sirenengesänge des »Kontinents der Circe« verwandelt, wie der indische Schriftsteller Nirad Chaudhari Indien nannte. Es ist ein zutreffender Name für Indien, denn Indiens politische Verführungskünste haben tatsächlich Männer in Schweine verwandelt. Und Frauen.

Es liegt allein schon an der Größe des Landes. Selbst Georg V. war bei seiner Krönung zum König und Kaiser von Indien im Jahr 1911 tief beeindruckt davon, wie großartig Indien sich präsentierte. Ein indischer Vizekönig hatte einmal gesagt: »Der Kaiser von China und ich regieren die halbe Welt und haben immer noch Zeit zum Teetrinken.«

Indiens politischen Führern gefallen Tee und Monarchie zunehmend besser als das Regieren. Der Abglanz der Macht eines so riesigen Landes weckt in seinen gewählten Vertretern den Größenwahn. Es mag schon stimmen, daß zur Demokratie Verantwortungsbewußtsein gehört, aber es ist schwierig, sich für irgendjemanden verantwortlich zu fühlen, wenn man sich Menschenmengen von einer halben Million Köpfen gegenübersieht.

Rückzug in den Größenwahn ist auch eine passende Reaktion auf das alarmierende Tempo des Wandels in Indien. Zum Teil findet der Wandel in der Politik statt. Die Inder sind nicht länger bereit, die Ungerechtigkeiten der Vergangenheit hinzunehmen. Und da sie in einer Demokratie leben, wollen sie etwas verändern.

Zum Teil findet der Wandel auch in der Wirtschaft statt. Im

Laufe von fünfzig Jahren ist es uns nicht gelungen, einen Weg der Entwicklung einzuschlagen, der gleichermaßen die Bedürfnisse unserer lautstark sich zu Wort meldenden Bevölkerung befriedigt und die Bedürfnisse der modernen Welt mit ihrer explosionsartigen wissenschaftlichen und finanziellen Expansion.

Ein solcher Berg von Problemen ist durchaus abschreckend. Anstatt die Pflichten ihres Amtes zu erfüllen, beschäftigen sich unsere politischen Führer zuviel mit den Privilegien eines Amtes, und in der Folge ist die Korruption in Indien derart endemisch, daß Wahlen zu einem Lotteriespiel geworden sind, bei dem eine Familie den Gewinn davonträgt.

Satiriker halten uns oft vor, wir hätten eine Erbdemokratie, während die Briten sich mit einer konstitutionellen Monarchie zufrieden gäben.

Mit einigem zeitlichen Abstand können wir heute bestimmte Muster erkennen, die von Dr. Ambedkars Verfassungsträumen und der unbestechlichen, gewaltlosen Politik Mahatma Gandhis bis in unsere Gegenwart reichen.

# *Teil III*

# 15

## *Abschiedsriten*

*M*it fünf Jahren erlebte ich zum ersten Mal ein politisches Ereignis mit. Der kalte Januartag hatte ganz normal begonnen. Mein Bruder und ich spielten in der Wintersonne im Garten unseres Hauses in Delhi, unsere Eltern saßen auf der überdachten Veranda vor dem großen, holzverkleideten Radio.

Wir achteten nie auf die Worte aus dem Radio, wir schauten es uns nur an, ganz in den Bann geschlagen von dem bronzefarbenen Netz, das vibrierend die Töne übertrug. An diesem Nachmittag schrie unser Vater auf einmal so laut: »Nein!«, daß alle Diener herausgelaufen kamen. Mein Bruder und ich rannten ebenfalls auf die Veranda. Dort sahen wir, daß unsere Mutter weinte, und zu unserer Überraschung weinten die Diener auch. In dem knackenden Radio wiederholte der Sprecher gerade die Nachricht, daß Mahatma Gandhi durch drei Schüsse getötet worden sei.

Wir waren noch klein und konnten mit dem Namen Mahatma Gandhi nicht viel anfangen, wir wußten nicht einmal ganz genau, ob es sich um einen Menschen handelte oder einen von Indiens vielen Göttern. Später erfuhren wir, daß er von einem hinduistischen Fanatiker erschossen worden war, als er sich zu einem Friedensmarsch auf die Schlachtfelder des Teilungskampfes aufmachte, wo Millionen von Menschen, die erst sechs Monate zuvor durch die britische Teilung des Kontinents in die beiden Staaten Indien und Pakistan ihre Heimat verloren hatten, immer noch auf der Flucht waren vor der Hölle des Terrors und Blutvergießens, in der bereits eine Million Hindus, Muslime und Sikhs umgekommen waren.

Nach so vielen Jahren erinnere ich mich nicht mehr genau an den Ablauf der Ereignisse. Ich weiß nur noch, daß mein Vater davonstürzte und zu dem Haus lief, in dem der Mahatma erschossen worden war. Meine Mutter war so erschüttert, daß sie das Haus nicht verlassen konnte, aber sie bestand darauf, daß die Diener uns mitnahmen, damit wir zusehen konnten, wie der Leichnam des Mahatma zum Scheiterhaufen gebracht wurde.

Wir hatten noch immer nicht begriffen, was geschehen war, und liefen neben den Dienern zu der Straße, die Gandhis Trauerzug passieren sollte. Auf den Gehsteigen standen die Menschen bereits gedrängt. Die Menge wirkte gänzlich unindisch. Kein Laut war zu hören. Alle trugen Weiß, die indische Farbe der Trauer, die eigentlich gar keine Farbe ist. Alle standen ruhig, es gab kein Stoßen und Schieben, als wäre das Leben in der ganzen Stadt eingefroren, als zeugte der Tod eines einzigen Menschen von den Schrecken und dem Blutvergießen, die eine Stadt mit einer halben Million Einwohnern über Nacht in eine Zwei-Millionen-Stadt verwandelt hatten, weil die Flüchtlinge zu Hunderttausenden Zuflucht vor dem Massaker suchten, in dem die Teilung des Landes vollzogen wurde.

Ich erinnere mich, daß ich auf den Schultern von irgendjemandem saß und über ein Meer von Köpfen hinwegschaute, ohne mich von diesen Massen eingeschüchtert zu fühlen. Die Zeitungen, die zum Zeichen der Trauer einer ganzen Nation schwarz umrandet erschienen, berichteten in den nächsten Tagen, es seien eineinhalb Millionen Menschen unterwegs gewesen.

Schweigend beobachteten wir, wie der Lastwagen mit dem Leichnam des Mahatma langsam näher kam. Er war von kahlköpfigen alten Leuten in weißen Gewändern besetzt, die dichtgedrängt auf allen möglichen unbequemen Sitzgelegenheiten hockten. Ganz oben auf dem Lastwagen bedeckten Blumen eine Erhebung. Nur der kleine sichtbare Kopf ließ erkennen, daß dies der Leichnam des Mahatma war – der erste Tote, den ich sah. Als sich der Wagen fast auf unserer Höhe befand, lösten sich einige aus der schweigenden Menge der Trauernden, gingen nach vorn und streuten Blumen auf den Weg, während sie mit lauter Stimme den Segen über Gandhi sprachen: »Amar rahe – sei unsterblich«.

Wenige Stunden später war von dem Mahatma nur noch Asche übrig, und der indische Premierminister verkündete im Radio: »Das Licht ist aus unserem Leben gewichen.«

Als ich größer war, erfuhr ich die Namen von einigen alten Leuten, die mit auf dem Lastwagen gesessen hatten, und mir wurde klar, daß ich einen historischen Umzug vor mir gesehen hatte: Die Menschen, die für Indiens Freiheit gekämpft hatten, geleiteten den Mann, der die Freiheit verkörperte, zum Scheiterhaufen.

Damals hatte ich nur eine mit Ringelblumen bedeckte Erhebung auf einem Lastwagen wahrgenommen. Es war kein erschreckender und gewiß kein großartiger Anblick gewesen. Doch obwohl wir noch so klein waren, spürten wir die Trauer der Menschen und die Würde des Augenblicks – in gewisser Weise war beides realer, weil alles so ärmlich aussah: nur ein Lastwagen, ein von weinenden Menschen umgebener Leichnam, am Straßenrand trauernde Inder, die wußten, daß das unabhängige Indien nach einem halben Jahr bereits seine Unschuld verloren hatte.

Jahre später sah ich Richard Attenboroughs Film *Gandhi*. Im Film ist der Leichenzug zum Scheiterhaufen ein großes militärisches Spektakel, mit Lafetten und Soldaten in dichtgeschlossenen Reihen, die mit langsamer, feierlicher Präzision im Rhythmus der Totentrommeln einherschreiten. Ich begann an meiner Erinnerung zu zweifeln und fragte einen von Gandhis Enkelsöhnen, warum sich das Bild in meinem Gedächtnis so sehr von dem Bild auf der Leinwand unterschied.

»Kurz hat diese Zeremonie tatsächlich stattgefunden«, räumte der Enkel ein. »Obwohl Gandhi-ji nicht wollte, daß man aus seinem Tod ein Spektakel machte. Nehru und Mountbatten haben sich das ausgedacht. Für die Geschichtsbücher.«

Für welche Geschichtsbücher, fragte ich mich? Soldaten? Lafetten? Für den Verkünder der Gewaltlosigkeit? All die Uniformen und die goldenen Tressen für den Mann, der im Lendenschurz zu einem Treffen mit dem König und Kaiser von Indien erschienen war?

Nichts wäre Gandhi wohl so zuwider gewesen und hätte ihn so sehr an die Kolonialherrschaft erinnert, für deren Beseitigung er alles in seiner Macht stehende getan hatte, wie die Vorstellung eines Staatsbegräbnisses.

Doch mit einer der gebieterischsten großen Gesten des 20. Jahrhunderts hatte Gandhi darauf bestanden, daß Lord Louis Mountbatten, dem letzten britischen Vizekönig von Indien, die Würde des ersten indischen Staatspräsidenten angeboten werde. Eine exzentrische Forderung, aber eine folgerichtige. Tatsächlich sah Gandhi lange Jahre keinen Grund, die Briten aus Indien zu vertreiben.

»Wenn sie gerecht regieren können«, sagte er zu den Freiheitskämpfern, »warum sollen sie dann nicht regieren?«

Er änderte seine Meinung erst, als die von den Briten zugesagte beschränkte Selbstverwaltung nicht verwirklicht wurde und das Empire sich weigerte, die Salzsteuer aufzuheben, obgleich die Inder Salz zum Leben brauchten.

Da kam Gandhi zu der Überzeugung, die Briten könnten nicht gerecht regieren, und er schrieb an den britischen Vizekönig: »Auf Knien habe ich um Brot gebeten, und Sie gaben mir statt dessen Steine.«

Gandhi begab sich auf seinen legendären Salzmarsch zum Meer, um das britische Salzgewinnungsmonopol zu durchbrechen – der Beginn der gewaltlosen Bewegung des zivilen Ungehorsams, die schließlich zur Vertreibung der britischen Herrscher führte.

Durch das Angebot an Mountbatten, erstes Staatsoberhaupt des freien Indien zu werden, wollte Gandhi den Haß der Inder auf ihre ehemaligen Kolonialherren überwinden. Gandhi glaubte fest an die Gleichheit aller Menschen. Er wollte Gerechtigkeit. Darum konnte er im Lendentuch in den Buckingham-Palast gehen. Doch Nehru und Mountbatten nahmen seinen Tod zum Anlaß, der Welt zu zeigen, wie gut sie einen Staatsakt inszenieren konnten.

Ich glaube, ich hatte großes Glück. Er war zwar tot, und ich war noch ein kleines Kind – aber ich habe den Mahatma gesehen. Den echten Mahatma, nicht den, der für die Geschichtsbücher, zu politischen Zwecken oder für Filmhelden erfunden wurde.

Armer Gandhi.

Wer hatte immer wieder betont, daß der Indische Nationalkongreß eine Freiheitsbewegung sei und keine politische Partei und darum aufgelöst werden solle, sobald Indien unabhängig wäre?

Wer hatte uns gezeigt, daß Gewaltlosigkeit und stolze Demut zusammengehören?

Wer hatte fest daran geglaubt, die Inder würden ihresgleichen mit mehr Gerechtigkeit regieren als ihre britischen Kolonialherren?

Er hatte noch nicht einmal den Scheiterhaufen erreicht, da verließ ihn bereits das Glück.

# 16

## *Die Mitte finden*

Während meines Studiums an der Universität von Bombay wohnte ich in einem von Nonnen geleiteten Wohnheim. Damit waren zwei Bedingungen für den Seelenfrieden meiner Mutter erfüllt: Ich studierte. Und ich stand unter strenger Aufsicht.

Durch eine seltsame Fügung des Schicksals hatte das klösterliche Wohnheim einst ausgerechnet den Harem des Maharadschas von Indore beherbergt, und von den rosafarbenen stuckverzierten Pfeilern blickte der Maharadscha finster auf uns herab, wenn wir laut schwatzend und lachend die Gänge hinunterliefen, obgleich die Nonnen ihr möglichstes taten, unsere Hochgefühle zu dämpfen.

Eines Tages sah ich am Schwarzen Brett einen Anschlag, der uns ausdrücklich verbot, in einen bestimmten Teil der Stadt zu gehen, weil dort am Nachmittag eine große Demonstration stattfinden sollte. Ich machte natürlich auf dem Absatz kehrt und nahm den nächsten Bus zu dem verbotenen Stadtteil. Zum erstenmal hatte ich Gelegenheit, ein großes politisches Ereignis mitzuerleben.

Die Demonstration war ein wichtiger Moment in der demokratischen Entwicklung Indiens. In Kerala, dem südlichsten Bundesstaat Indiens – mit der höchsten Alphabetisierungsrate des Landes – war in freier, ordnungsgemäßer Wahl eine kommunistische Regierung gewählt worden. Unverständlicherweise erklärte Premierminister Nehru die Wahl für ungültig, obgleich das Recht eines jeden Bundesstaates, seine Regierung frei zu wählen, in unserer Verfassung verankert ist. Die indischen Bundesstaaten besitzen weitgehende Unabhängigkeit von der Zentralregierung in Delhi, die nur im Falle eines Notstands eingeschränkt werden darf, und in Kerala konnte von Notstand keine Rede sein.

Der Gedanke, daß Nehru die indische Verfassung brach, war unvorstellbar für uns. Er hatte Jahre in britischen Gefängnissen gesessen, weil er Demokratie forderte. Und nachdem wir dann die Demokratie bekommen hatten, führte Nehru seine Partei, den Indischen Nationalkongreß, in drei aufeinanderfolgenden Wahlen zum Sieg. Solange wir denken konnten, war er stets unser Premierminister gewesen. Er ließ sich von uns Onkel Nehru nennen. Anstelle von Mahatma Gandhis schlichter Aufmachung trug er stets eine frische Rosenknospe im Knopfloch, und im Garten seiner herrlichen Residenz hielt er junge Tiger.

Allerdings hatte er kurz zuvor seine Achillesferse gezeigt, denn er unterstützte die Ernennung seiner Tochter Indira zur Vorsitzenden der Partei. Freilich ahnte damals niemand, daß dies der Beginn einer schrecklichen Vetternwirtschaft sein würde, die fünfzehn Jahre später zum Zusammenbruch der Demokratie in ganz Indien führte.

Wir waren mit Indiens Geschichte noch nicht gut genug vertraut und wußten nicht, daß Nehru selbst im Jahr 1929 auf dem Weg zu einem Parteitag von seinem Vater zum Führer des Nationalkongresses gesalbt worden war. Zunächst schreckte er offenbar vor dem ungehörigen Ansinnen zurück, doch sein Vater befand, daß es keiner überflüssigen Formalitäten wie einer Wahl bedürfe, und als der Nachtzug Lahore erreichte, hatte Nehru seinen Widerstand aufgegeben.

Weil wir das nicht wußten, nahmen wir keinen besonderen Anstoß daran, daß Nehru nun wie sein Vater vor ihm die Partei – der Nationalkongreß war eine so große Partei, daß es hieß, die beiden größten Organisationen auf der Welt seien die katholische Kirche und der Indische Nationalkongreß – in die Hände seines einziges Kindes Indira legte. Sie hatte Nehru dazu bewogen, die Regierung in Kerala abzusetzen.

An jenem Nachmittag des Jahres 1959 versammelte sich eine riesige Menschenmenge im Ovalen Park von Bombay, um gegen den ersten bedeutenden Akt von Korruption im öffentlichen Leben des unabhängigen Indien zu protestieren. Obgleich ich in erster Linie aus jugendlicher Sensationslust an den Ort der

Kundgebung strebte, fand auch ich die Entscheidung von Nehru und seiner Tochter höchst seltsam. Und als ich dann in dem Meer von zweihunderttausend Demonstranten stand, durchströmte mich ein wunderbares Gefühl des Einsseins. Vielleicht war alles ja nur ein schreckliches Mißverständnis, und der Irrtum würde bald korrigiert sein.

Es war ein schwüler Tag, der bedeckte Himmel schien auf der unüberschaubaren, dichtgedrängten Menge im Park zu lasten. Ich zwängte mich zwischen stark schwitzenden Menschen hindurch in die vorderste Reihe. Tausende von Gewerkschaftlern hielten Plakate hoch mit der Parole, der Kommunismus sei ein legitimer Weg zu sozialer Gerechtigkeit. Journalisten waren da und ganz gewöhnliche Staatsbürger, die sich gegen ein Vorgehen der Regierung wehrten, das ganz nach den Verfügungen der britischen Kolonialherren roch. Bürger aus Kerala empörten sich über die Verletzung ihrer demokratischen Rechte und warfen Nehru vor, er habe ihre Regierung nur deshalb abgesetzt, weil sie kurz zuvor per Gesetz Land an Menschen verteilt hatte, die keinerlei Grund und Boden besaßen.

Die Demonstration war so groß, daß sämtliche Polizisten von Bombay bereitstanden, um einzugreifen, falls die Dinge außer Kontrolle geraten sollten. Die Kundgebung war in vollem Gange, als auf einmal Demonstranten einen Kreis um mich bildeten und mich beschworen, wegzugehen. Ich widersprach heftig. Ich wollte dabeisein. Die Gewerkschaftler um mich herum waren höflich, aber unerbittlich. Dies sei kein Spiel, sagten sie. Die Polizei habe Tränengas und werde es jeden Augenblick einsetzen. Dann bräche ein großes Durcheinander aus, Demonstranten würden stürzen und vielleicht niedergetrampelt werden, wenn die Tränengasgeschosse in dieser dichten Menge explodierten. Niemand wolle schuld daran sein, daß eine Dame verletzt würde.

Unter diesen Umständen blieb mir keine andere Wahl. Acht Männer brachten mich aus dem Park; mit untergehakten Armen bahnten sie mir einen Weg durch das Meer der Demonstranten. Wenige Minuten später begann der Angriff mit Tränengas.

Auch in den folgenden Jahren gab es Demonstrationen, wenn irgendwo die Regierung eines Bundesstaates abgesetzt wurde, aber die Polizei wartete nicht mehr mit dem Angriff, bis Frauen und Kinder in Sicherheit waren.

Und wir lernten aus bitterer Erfahrung, daß die Republik, wenn die Zentralmacht die Zügel anzog, in allen Fugen knirschte wie ein zu vollgeladenes Schiff, die Fracht der Ungleichheiten war zu schwer, um es über Wasser zu halten.

# 17
## *Kongreßkultur*

Nach einem Studienaufenthalt an der Universität Cambridge kehrte ich nach Bombay zurück. Bei einer akademischen Versammlung lernte ich einen Dichter kennen, und er lud mich zu sich nach Hause zum Tee ein. In allen Einzelheiten beschrieb er mir, wo ich ihn finden würde. Er war so arm, daß er dazu verdammt war, in dem riesigen Elendsviertel an der Straße zum Flughafen zu leben, einer von den geschätzten fünfzigtausend, nach anderen Schätzungen auch hunderttausend Slumbewohnern.

Von Geburt war der Dichter Hindu und hatte der niedrigsten Kaste angehört, bis er dem Beispiel folgte, das Dr. Ambedkar zehn Jahre zuvor einer halben Million Unberührbarer in Indien gegeben hatte, und zum buddhistischen Glauben übertrat. Nun war er ein *Dalit,* wörtlich übersetzt »ein Unterdrückter«. Aber er war kein einfacher Dalit, sondern ein Dalit-Panther.

Sein Credo war Dr. Ambedkars berühmte Rede an die Unberührbaren, als ihnen nach fünf Jahren gewaltloser Demonstrationen immer noch der Zutritt zu den Hindu-Tempeln verwehrt wurde.

»Wenn ihr Selbstachtung wollt«, hatte Dr. Ambedkar gesagt, »dann wechselt die Religion. Wenn ihr Gleichheit wollt, dann wechselt die Religion. Eine Religion, die Menschlichkeit unter den Menschen verbietet, ist keine Religion, sondern eine Strafe. Eine Religion, der die Anerkennung der menschlichen Würde als Sünde gilt, ist keine Religion, sondern eine Krankheit. Eine Religion, die erlaubt, ein stinkendes Tier zu berühren, aber nicht einen Menschen, ist keine Religion, sondern Wahnsinn.«

In Bombay hatten gebildete Unberührbare seine kraftvollen Worte begierig aufgenommen und sich nach ihrem Übertritt zum buddhistischen Glauben zu einer militanten Bewegung zusammengeschlossen. Sie nannten sich Dalit-Panther.

Die Bezeichnung »Panther« war mir vertraut. Während meiner Studienjahre in England hatte der Vietnamkrieg seinen Höhepunkt erreicht, es gab viele Demonstrationen, und die meisten Studenten sympathisierten mit den Black Panthers in Amerika, der militanten Bürgerrechtsbewegung der Schwarzen.

Nach meiner Rückkehr nach Indien stellte ich fest, daß auch indische Studenten das Buch *Seele auf Eis* des inhaftierten Eldridge Cleaver lasen und Frauen regelmäßig vor der amerikanischen Botschaft in Delhi demonstrierten und auf Plakaten *Freiheit für Angela Davis* forderten.

Und nun, im Jahr 1969, trank ich Tee mit einem Dalit-Panther in einer Hütte, die aus Wellblech, Holzbalken, ausrangierten Plakaten und zerlumpten Sarongs bestand – alles war verwendet worden zum Schutz vor dem Monsunregen, der sich mit solcher Gewalt über den Slum ergoß, daß er die schlammigen Wege bereits in reißende Flüsse verwandelt hatte, in denen Baumaterialien trostlos umhertrieben.

Während der Dichter auf dem Boden hockte und über dem Kerosinkocher Teewasser in einem Topf erhitzte, saß ich auf einem über Ziegelsteine gelegten Holzbalken und blickte mich verstohlen in seiner Behausung um. Alles war säuberlich aufgeräumt, an einem quer durch die Hütte gespannten Seil hingen ein paar Kleidungsstücke. Über dem Kerosinkocher hatte er ein Bild von Dr. Ambedkar an die dünne Wand genagelt.

Der Dichter öffnete eine kleine Truhe und holte eine Pakkung Tee und zwei metallene Becher heraus. Ich spähte über seine Schulter in die Truhe. Auf der einen Seite waren Bücher und Papiere aufgestapelt, auf der anderen Seite befanden sich Kochutensilien und Packungen mit Reis, Mehl und Linsen.

»Sie sagen, die Briten hätten nach dem Prinzip ›Teile und herrsche‹ in Indien regiert, aber die Kongreßpartei hat das perfektioniert«, sagte er ärgerlich, während er den Tee aufgoß. »Was die Kongreßkultur betrifft…« Er war so zornig, daß er den Satz nicht beenden konnte.

Er mußte ihn auch gar nicht beenden. Ich wußte, was er meinte. Nach zwanzig Jahren unangefochtener Herrschaft war der große Indische Nationalkongreß ins Straucheln geraten, seine Führer hatten nichts anderes mehr im Sinn, als über die Verteilung von Pfründen zu streiten, und die Spitzengremien hielten den Mitgliedern warnend vor Augen: »Der Kongreß ist hoffnungslos zerstritten – Cliquenwirtschaft allenthalben – Streitereien und gegenseitige Verunglimpfungen schaffen im Volk eine Stimmung gegen die Partei.«

Der Dichter reichte mir einen Teebecher und sprach von seinem Haß auf die, wie er sie nannte, »Kongreßkultur« vieler Politiker, die sich zynisch an der Macht hielten, indem sie mit den Ängsten der Minderheiten spielten: der Muslime, der niedrigen Kasten, der Buddhisten, der Christen.

»Haben Sie vor, in die Politik zu gehen?« erkundigte ich mich.

»Ein armer Mann wie ich?« fragte er ungläubig zurück. »Gegen das Geld und die Macht dieser Politiker antreten, die wie Könige über uns herrschen?«

Er wandte sich wieder dem Kerosinkocher zu und setzte noch einmal Wasser auf. Verstohlen zog ich meinen Sari etwas hoch, damit er nicht in dem Wasser schleifte, das in kleinen Bächen über den Lehmboden lief.

Als der Dichter sich umdrehte, überraschte er mich dabei, wie ich das Bild von Dr. Ambedkar an der Wand betrachtete. Mit bitteren Worten erzählte er mir, daß er sich die indische Nationalflagge auf das Gesäß habe tätowieren lassen. Denn die Verfassung sei gerade gut genug, um sich damit den Hintern abzuwischen.

Mit einer hilflosen Geste deutete er auf den Schmutz, das Wasser auf dem Boden, das durchweichte Stück Stoff über dem Eingang seiner Behausung. »Dr. Ambedkar hatte unrecht. Die Religion zu wechseln, hat keinen Sinn. Wählen hat keinen Sinn. Für Menschen wie uns liegt die Macht ausschließlich im Lauf eines Gewehres.«

# 18

## *Gewaltlosigkeit*

*I*m Jahr 1978 bat mich eine indische Zeitschrift um einen Bericht aus Assam. Der an der nordöstlichen Staatsgrenze gelegene Bundesstaat mit zwanzig Millionen Einwohnern erlebte damals die größte Bewegung gewaltlosen Widerstandes, seit Mahatma Gandhi die Briten gewaltlos aus Indien vertrieben hatte.

Mit Gewaltlosigkeit haben wir zwar die Briten vertrieben, aber unsere erste Lektion als freies Land war die gewaltsame Teilung, und in Assam machte ich die Beobachtung, daß wir unsere Lektion noch nicht gründlich genug gelernt hatten.

Bei Einbruch der Dunkelheit traf ich in der Hauptstadt des Bundesstaates ein. Assam ist nur durch einen schmalen Landkorridor mit Indien verbunden, auf der einen Seite erstrecken sich Reisfelder bis nach Bangladesch, auf der anderen Seite bewaldete Hügel bis zur chinesischen Grenze. In dem Bemühen, die Blicke der Zentralregierung auf den Bundesstaat zu lenken, hatten sich Hunderttausende in einer gewaltlosen Bewegung erhoben; Schulen, Fabriken, Geschäfte und Indiens größte Ölraffinerie waren bereits seit fast einem Jahr geschlossen.

Ich fuhr als erstes zu dem Tempel auf einem Hügel, der Assams heiligste Pilgerstätte ist. Von dort oben schaute ich hinab auf den imposanten Fluß Brahmaputra und dachte an die Bewegung, der sich von Tag zu Tag mehr Menschen anschlossen, getrieben von dem Wunsch, »Das Land des Roten Flusses und der Blauen Hügel«, wie es in den Prospekten für die Touristen hieß, zu verteidigen.

Die schwarzen Steine im Hof des Tempels waren von den weißen Blüten eines Jasminbaums bedeckt, zarte Blütenblätter wirbelten wie sechseckige Windräder vor dem dunkelnden Abendhimmel zu Boden. Unterhalb des Tempels tauchte die untergehende Sonne den breiten Strom in tiefes Rot. Dampfboote aus den Tagen des britischen Empire, noch mit den alten Jardine-Henderson-Zeichen auf der Seite, überquerten den Fluß, und jenseits der blutroten Wasserfläche, auf dem fernen gegenüberliegenden Ufer, senkte sich Abenddunst über die Fischerdörfer. Im Tempel hatte der Priester mit den Abendgebeten begonnen und sang eine melancholische Melodie, die an Assams Trennung von dem übrigen Indien gemahnte.

Wir hatten wenig unternommen, um das Gefühl der Isolierung zu zerstreuen. Als die chinesische Armee im Jahr 1962 über Assam nach Indien eindrang, zog Premierminister Nehru unsere schlecht ausgerüsteten Truppen aus dem besetzten Bundesstaat zurück und verkündete heuchlerisch im Radio: »Mit blutendem Herzen denke ich an das Volk von Assam.«

Im Jahr 1971 trieb der Krieg um den neuen Staat Bangladesch Scharen kriegsmüder Flüchtlinge über die indische Grenze nach Assam. Sie blieben dort, und die Menschen von Assam protestierten dagegen, weil sie es als eine neue Besetzung empfanden. Doch Premierministerin Indira Gandhi bezeichnete die Protestbewegung als Werk fremder Agitatoren und schickte die indische Armee nach Assam, um sie aufzulösen und die Ölraffinerie zu eröffnen.

So hatte ich großes Verständnis, als ein junger Ingenieur zornig zu mir sagte: »Wir kämpfen gegen eine neuerliche Invasion, und Nehrus Tochter schickt Soldaten, die auf uns schießen sollen! Ist sie verrückt geworden? Ist es denn unsere Schuld, daß die Millionen von Fremden, die uns heute überrennen, nicht chinesisch sprechen?«

Ich beobachtete die Laternen, die auf den Dampfern hin und her schwangen, und den Fluß, der in dem schwindenden Licht fast schwarz aussah, und fragte mich, wie lange die Bewegung in Assam sich noch darauf beschränken würde, Ausländer aus ihrem Bundesstaat zu vertreiben. Wann würden sie beginnen, Inder zu verjagen?

Am nächsten Tag fuhr ich zur Ölraffinerie. Schon von Ferne sah ich vom Auto aus große Schilder mit dem Warnhinweis *Kein*

*Zutritt. Schutzgelände. Für Unbefugte verboten.* Vor dem Tor hielt mein Fahrer gehorsam an, und aus dem Wachhaus trat ein Mann mit einer dicken Kladde. Mein Fahrer füllte sämtliche Rubriken sorgfältig aus. *Ankunftszeit. Zahl der Besucher.* In das Feld mit der Überschrift *Grund des Besuches* schrieb er *Blockade.* Ich nahm ihm die Kladde aus der Hand und blätterte sie durch. Auf jeder Seite stand in der Rubrik *Grund des Besuchs* säuberlich geschrieben: *Blockade. Blockade. Blockade.*

Obwohl ich von den Einträgen in der Kladde hätte vorgewarnt sein müssen, war ich überrascht von der riesigen Menschenmenge auf dem Gelände der ausgedehnten Ölraffinerie. Überall saßen und standen Menschen – auf den Veranden, auf den Rasenflächen, auf jedem Fleckchen, das ein wenig Schutz vor der glühenden Sonne bot. Transparente verkündeten, warum die Menschen hier waren: *Wir geben unser Blut, aber nicht unser Öl.* Unter ein Bild von Mahatma Gandhi war der Schriftzug gesetzt: *Folgt meinen Lehren. Folgt der Verfassung. Tötet mich nicht ein zweites Mal, indem ihr friedliche Blockierer tötet.*

Tausende junger Männer, in bequeme Sarongs gehüllt, lagen nebeneinander auf den Rasenflächen, mit Zigaretten, Radios und Zeitschriften gerüstet für eine weitere Nacht zivilen Ungehorsams. Vor ihnen erstreckte sich ein langes, zweistöckiges Gebäude, in dem zahllose Frauen Essen zubereiteten. Ein Mann mit einem Megaphon wies die Neuankömmlinge ein: wo es frisches Wasser gab, wo sie schlafen konnten, wo die Toiletten waren.

Busse fuhren vor, und immer neue Scharen von Blockierern stiegen neben einer Mauer aus, auf der kichernde Schulmädchen saßen, die ihre Beine über dem Rinnstein baumeln ließen und ihre Ohrringe verglichen.

Ich fragte die Mädchen, ob ihre Eltern denn nichts dagegen hätten, daß sie bei der Blockade mitmachten.

»Natürlich haben sie etwas dagegen. Sie haben gesagt, hier seien viel zu viele Jungen. Wenn wir uns über Nacht hier draußen aufhielten, wäre unser guter Ruf dahin. Welche Männer würden uns dann noch heiraten?«

Ihr Kichern wurde noch lauter, bis ich sie fragte, wie sie es denn fänden, wenn die Armee anrücken und die Blockierer vertreiben würde, um die Wiederaufnahme der Ölförderung zu ermöglichen.

»Ich würde mit Stolz für so eine Sache sterben«, sagte ein Mädchen mit voller Überzeugung. »Wir haben gelobt, daß wir das größte Opfer bringen würden.«

»Wir haben keine Angst vor der Armee«, fügte ein anderes Mädchen hinzu, die Tochter eines Priesters von dem Tempel oben. »Wie kann die Armee Gewalt gegen uns anwenden, wenn wir doch gewaltlos sind?«

Weil Indien so dringend Öl braucht, sagte ich für mich.

Einer der Ordner nahm höflich meine Glückwünsche zu der ausgezeichneten Organisation entgegen.

»Eigentlich haben wir überhaupt nichts organisiert«, sagte er stolz. »Es hat sich einfach so ergeben. Stammt nicht von Oscar Wilde der Satz ›Eine Krise muß nicht geprobt werden‹? Unsere Bewegung ist die spontane Reaktion der Massen auf eine Krise.«

»Chaos muß auch nicht geprobt werden«, erinnerte ich ihn.

»Wieso Chaos? Was kann die Armee gegen so viele Menschen ausrichten?« Er beugte sich vertraulich zu mir. »Wissen Sie, bei unseren ersten Treffen haben wir die Menschen aufgefordert, so lange nicht mehr ins Kino zu gehen und nicht mehr zu rauchen, bis der letzte Ausländer unseren Bundesstaat verlassen hat. Das haben sie abgelehnt. Daraufhin haben wir sie gefragt, ob sie bereit wären, ihr Leben einzusetzen. Und alle schrien ja.«

Ich zündete mir spontan eine Zigarette an. Wie hätte ich mit den Hunderten und Tausenden von Menschen darüber rechten können, ob es leichter sei, das Rauchen aufzugeben oder sein Leben aufs Spiel zu setzen?

Und vielleicht kann man das Leben und das Rauchen leichter aufgeben als Wut. Die Wut, mit der ein Universitätsdozent, der nicht aus Assam stammte, zu mir gesagt hatte: »Friedlich? Diese Bewegung? Fragen Sie meine Frau!«

Beim Tee erzählte seine Frau: »Ich habe schon überall in Indien gelebt, aber erst hier wurde mir bewußt, daß ich Bengalin und nicht Inderin bin. Ich beobachte die Vorgänge und frage mich, wohin das führen wird. Frauen, die ich als Kinder auf dem Schoß gehabt habe, schicken jetzt ihre eigenen Kinder zu mir, und die stehen an meinem Tor und schreien: ›Ihr bengalischen Köter! Verschwindet!‹«

Ihr Mann fügte erschöpft hinzu: »Ich sage immer zu meinen Studenten, wenn ihr denkt, daß ihr nur zu einem bestimmten Teil des Landes gehört, bringt ihr euch um den Reichtum des gesamten Landes. Leider sind Emotionen die eigentliche Triebfeder dieser Bewegung. Und wo Emotionen im Spiel sind, ist alles möglich.«

Am übernächsten Abend bekam ich einen Eindruck davon, was alles möglich war. Die große und im allgemeinen friedliche Bewegung barg gleichwohl jene elementare Leidenschaft und simplifizierende Rhetorik, die zur Einschüchterung führen.

Ein Sturm zog auf, als ich in einem Dorf eintraf, das bereits ein Opfer dieser Rhetorik geworden war. Im Innern einer überfüllten Lehmhütte schwirrten Insekten um eine einzige Sturmlaterne, kleine Kinder, deren Augen im Licht der Laterne übergroß wirkten, hörten gespannt den Erzählungen der Erwachsenen zu. Draußen, in der Dunkelheit, tanzten Myriaden von Glühwürmchen, drinnen intonierten die Stimmen eine ganze Litanei von Schreckensmeldungen.

»Im Nachbardorf haben sie siebzehn Männer zu Tode geprügelt, weil ihre Vorfahren aus einem anderen Teil Indiens stammten.«

»Wir haben Glück gehabt. Die erste Welle der Mörder haben wir mit Bambusstöcken vertrieben. Dann kamen Verwundete aus anderen Dörfern und baten uns um Hilfe. Gemeinsam waren wir stark genug und konnten die Mörder verjagen.«

»Letzte Nacht haben sie achtundzwanzig Dörfer angezündet. Warum?«

Ja, warum? Was ist aus dem Pluralismus geworden, auf den Indien so stolz war? Und aus der Gewaltlosigkeit?

# 19

## *Gute Haushaltsführung*

Gewaltlosigkeit war Indiens Credo, doch bis zu dem Zeitpunkt meiner Reise nach Assam hatte Indien innerhalb von zehn Jahren dreimal Krieg geführt. Den letzten Krieg hatte ich unmittelbar miterlebt.

Im Jahr 1971, zur Amtszeit von Indira Gandhi, führten wir Krieg gegen Pakistan und gaben damit dem aufständischen Ostpakistan die Möglichkeit, den unabhängigen Staat Bangladesch zu bilden.

Ich berichtete damals für das Fernsehen über den Krieg und war dabei, als die Bevölkerung von Bangladesch die indischen Soldaten im Freudentaumel empfing. Ich sah das herrliche Farbenmeer, als Gladiolen anstelle von Bajonetten in Gewehrläufe geschoben wurden.

Im Troß des jüdischen indischen Generals, der die Bedingung des Waffenstillstands formuliert hatte, erlebte ich mit, wie ein Sikh-General die Kapitulation der Feindesarmee entgegennahm, und mit großer Erleichterung beobachtete ich, daß unsere jungen Soldaten ihrem christlichen Kommandeur gehorchten und die jungen Mädchen aus Bangladesch, die die verhaßten Besatzungstruppen zu ihrer Unterhaltung in den Schützengräben festgehalten hatten, voller Respekt behandelten.

Wenig später taten sich die indischen Soldaten erneut als Beschützer weiblicher Ehre hervor – aber diesmal ging es um indische Frauen.

Man schrieb das Jahr 1975, und es war von einer Revolution die Rede. Tatsächlich handelte es sich eher um einen lokalen Konflikt im Zusammenhang mit einer Wahl im Bundesstaat Gujerat – die Heimat hart arbeitender Bauern und kleiner

Unternehmer. Sie fanden die Lebenshaltungskosten zu hoch, und ihre Ehefrauen hatten zu demonstrieren begonnen.

Die ersten Proteste in Gujerat gegen den Preisanstieg verliefen friedlich. Mahatma Gandhi stammte aus dem Bundesstaat Gujerat, Gewaltlosigkeit war den Menschen dort zur zweiten Natur geworden, und die revolutionären Umtriebe sahen zunächst nur so aus, daß die Hausfrauen in der Hauptstadt bei Sonnenuntergang auf die Straßen strömten, anstatt, wie es sich gehörte, Lichter vor den Hausaltären anzuzünden und das Abendessen für ihre Familien vorzubereiten. Die Frauen wußten nicht mehr, wie sie über die Runden kommen und ihre Familien ernähren sollten. Sie warteten, bis die Straßenlaternen angingen. Dann schlugen sie mit Nudelhölzern auf Metallteller, die Thalis, und brachten so ihren Unmut über steigende Preise zum Ausdruck.

Ihr Protest sprach sich rasch im ganzen Bundesstaat herum, und nach wenigen Tagen sprach die Presse nur noch von der Thali-Revolution. Das Signal des Sonnenuntergangs und die Provokation explodierender Preise genügten, um die Frauen überall im Bundesstaat, in kleinen Städten und Dörfern ebenso wie in den Zentren des Diamanthandels und in den reichen Hafenstädten, dazu aufzurufen, mit Nudelhölzern auf ihre Thalis zu schlagen – und einen solchen Lärm zu veranstalten, daß ihr Ärger im ganzen Staat widerhallte.

Ihr Protest war zwar nicht so laut, daß er im anderthalbtau send Kilometer entfernten Delhi gehört wurde, doch als er über einen Monat anhielt, wurde Premierministerin Indira Gandhi nervös. Dabei spielte noch eine andere Sache eine Rolle – der Alptraum eines jeden Politikers.

Ein Mann namens Raj Narain warf der Premierministerin vor, sie habe ihre Wahl ins Parlament manipuliert. Er selbst hatte sich um den Parlamentssitz beworben, den nun sie innehatte, und behauptete, sie habe Regierungsgelder und Regierungsbeamte dazu mißbraucht, ihn auszuschalten. Er wand sich eine grüne Binde um den Kopf, ließ sich einen Bart wachsen und gelobte, er werde sich so lange nicht rasieren, bis die indischen Gerichte die Wahl der Premierministerin für ungültig erklärt hätten.

Zunächst schenkte man ihm keine Beachtung, er galt als Clown, der die vom Volk bewunderte Premierministerin ärgern wolle. Doch dann kam es zu einigen Willkürakten Indira Gandhis. Mit ihrer Erlaubnis erwarb ihr unerfahrener jüngerer Sohn Sanjay mit seiner Firma Maruti von der Regierung eine Lizenz für die Produktion von fünfzigtausend »Volkswagen« pro Jahr; anderen automobilproduzierenden Betrieben wurden solche Lizenzen immer verwehrt. In den Außenbezirken der Hauptstadt wurden einhundertsechzig Hektar Land als Fabrikgelände beschlagnahmt, drei komplette Dörfer mußten weichen. Die für die Finanzen zuständigen Regierungsstellen wurden gedrängt, Maruti immer weitere Kredite ohne jegliche Sicherheit zu gewähren, denn ein Produktionsversuch nach dem anderen endete mit einem Fiasko. Schließlich intervenierte die indische Zentralbank und teilte den Staatsbanken mit, weitere Kredite ohne Sicherheiten würden die Grundlagen der Kreditpolitik des Landes unterhöhlen. Unterdessen war bekannt geworden, daß eine weitere Firma, die Sanjay Gandhi, seinem älteren Bruder Rajiv und ihren beiden Ehefrauen gehörte, Verträge mit der Regierung vermittelte.

Im Parlament verlangten Kritiker aus allen politischen Lagern eine juristische Untersuchung der Vorgänge, die abwechselnd als »Schande für die Demokratie« und »Korruption und Vetternwirtschaft«, »hemmungslose Korruption« angeprangert wurden. Die Premierministerin blockierte jeden Versuch, eine Untersuchung einzuleiten, und im Jahr 1973 zog die Opposition aus Protest geschlossen aus dem Parlament aus.

Um 1975 herum schenkten die Inder dem Mann mit der grünen Binde um den Kopf allmählich Gehör. Besonders gut hörten die Hausfrauen in Gujerat zu, die immer noch auf ihre Thalis schlugen, denn in Gujerat standen Wahlen bevor.

Der beharrlich erhobene Vorwurf des Mannes mit der grünen Binde, Indira Gandhi sei durch Betrug zu ihrem Wahlsieg gekommen, rüttelte die Menschen in Gujerat auf, und sie waren entschlossen, sich nicht um ihre rechtmäßigen Wahlergebnisse betrügen zu lassen.

Als der Wahltermin näherrückte, planten sie, in der Nacht die Wahlurnen zu bewachen. Frauen und Kinder sollten Menschenketten um die Wahllokale bilden, damit niemand im Schutz der Dunkelheit Wahlzettel vertauschen konnte. Die Stimmenauszählung sollte überwacht werden.

Das war zuviel für die Premierministerin. Mit ihrer einzigartigen Gabe, alle paranoiden Schreckgespenster zu vermischen, stellte sie die Thali-Revolution bald als Komplott der CIA, bald als Komplott von Amnesty International dar und setzte schließlich die Armee in Marsch, um die Hausfrauen von Gujerat zur Räson zu bringen.

Wer weiß, was geschehen wäre, wenn die Hausfrauen von Gujerat wie die Stammesangehörigen zehn Jahre zuvor dem Symbol des hauptstädtischen Imperialismus feierlich ihre Hinterteile gezeigt hätten. Statt dessen verfuhren sie weiter wie bisher, verließen abends ihre Häuser, schlugen mit ihren Nudelhölzern auf die metallenen Thalis und machten die Soldaten mit dem Lärm taub.

Sie seien keine Hausfrauen, behauptete die aufgebrachte Premierministerin in Delhi beharrlich, sondern Provokateure. Und sie wies das Militär an, Tränengas, Gummigeschosse und, jawohl, auch scharfe Munition einzusetzen, um dieser Bedrohung der nationalen Sicherheit ein Ende zu bereiten.

Auf ihre Anordnung hin gaben die Offiziere der indischen Armee einen Befehl, der erst ein einziges Mal zuvor erteilt worden war, und zwar damals, als die Nationalisten unter Mißachtung der britischen Gesetze Salz gewonnen hatten und der britische Kommandeur den Königlichen Garhwal-Schützen darauf befahl, auf die friedlich protestierenden Menschen zu schießen. Die Garhwal-Schützen hatten sich geweigert, dem Befehl Folge zu leisten.

Nun kam ein solcher Befehl von der indischen Premierministerin, und wieder weigerten sich indische Truppen, ihre Waffen zu erheben. Sie ließen Delhi wissen, daß die indische Armee nicht auf indische Staatsbürger schießen werde.

# 20

## *Erbdemokratie*

In den ersten fünfundzwanzig Jahren unserer Geschichte seit der Unabhängigkeit handelten unsere gewählten Repräsentanten wirklich wie Diener des Volkes und waren um das Wohl der Nation besorgt.

Aber den ersten Fleck bekam unsere strahlende neue Demokratie, als Nehru das gewählte Parlament eines Bundesstaates absetzte. Damit schuf er einen Präzedenzfall, den seine Nachfolger nutzten, wann immer sie sich bedroht fühlten.

Wir nahmen Gewaltlosigkeit für uns in Anspruch, doch unter dem stolzen Nehru führten wir Krieg gegen China, und unter dem sanften Shastri kämpften wir in Pakistan. Indira Gandhi begann einen zweiten Krieg mit Pakistan, aus dem der unabhängige Staat Bangladesch hervorging.

Nachdem sie den Nationalkongreß gespalten und mit dem Wahlslogan »Bekämpft die Armut« mit der Mehrheitsfraktion der Partei einen erdrutschartigen Wahlsieg errungen hatte, stand sie auf dem Höhepunkt ihrer Popularität. Von da an behandelte sie die indische Demokratie als eine Familienangelegenheit und fürchtete jegliche politische Opposition.

Unter Mißachtung demokratischer Spielregeln setzte sie nach Belieben die Regierungen einzelner Bundesstaaten ab und hievte Familienmitglieder, die niemand gewählt hatte, in Machtpositionen. Um ihr immer auffälligeres Gebaren zu bemänteln, schob sie die höchsten Ämter im Land unbedeutenden, aber ihr ergebenen Politikern zu.

»Wenn sie mich gebeten hätte, ihre Toilette zu putzen, hätte ich es getan«, bemerkte ein Staatsoberhaupt einmal naiv. »Aber sie hat mich gebeten, Präsident von Indien zu werden.«

Indien verwandelte sich von einer Demokratie in einen Hofstaat. Es dauerte nicht mehr lange, und dann hatten wir einen Polizeistaat.

In den nächsten zwanzig Jahren sahen entsetzte Inder ungläubig zu, wie unsere Politiker eine unheilige Allianz nach der anderen schlossen, nur um sich an der Macht zu halten, und schließlich in Blutbädern, die sie selbst angezettelt hatten, ihr Leben verloren.

Das unabhängige Indien, das seine Existenz dem Traum der Gewaltlosigkeit verdankte, wurde zu einem Land von Verfolgern und Mördern, von kugelsicheren Scheiben, Polizeiketten und Bomben.

Korruption breitete sich wie ein Lauffeuer im gesamten öffentlichen Leben aus, unsere politischen Führer lieferten sich Kriminellen aus, um ihren Wahlerfolg sicherzustellen, und bald saßen die Kriminellen selbst im Parlament.

Den Reichtum der Vielfalt, von dem unser Überleben abhing, wandten sie gegen uns – Kaste gegen Kaste, Religion gegen Religion –, bis Haß das beherrschende Muster unserer Demokratie wurde.

Und die indische Armee – das drittgrößte stehende Heer der Welt, eine Freiwilligenarmee, die stolz war auf ihre Geschichte – wurde von Indiens politischen Führern rücksichtslos zu Kraftproben mit dem indischen Volk eingesetzt, bis schließlich die Tragödie unausweichlich war.

# 21

## *Massenbewegung*

In einer Sommernacht im Jahr 1975, als die gesamte Nation schlief, machte die Premierministerin der Demokratie in Indien ein Ende.

Indira Gandhi erklärte den Notstand »zum Schutz von Indiens Einheit und Existenz«.

Wodurch, um Himmelswillen, war Indiens Existenz bedroht? Nun ja, am 12. Juni hatten die Gerichte Indira Gandhi für schuldig befunden, »mit der Hilfe von Regierungsbeamten ihre Wahlchancen verbessert zu haben«. Es wurde ihr untersagt, im Laufe der nächsten sechs Jahre ein Wahlamt zu bekleiden. In Anbetracht ihrer herausgehobenen Stellung gewährten die Richter ihr eine Frist von zwanzig Tagen, um beim Obersten Gerichtshof von Indien Beschwerde gegen das Urteil einzulegen, aber sie durfte ab sofort nicht mehr als Premierministerin von Indien handeln.

Der frühere britische Premierminister Harold Wilson hat einmal gesagt, eine Woche sei in der Politik eine lange Zeit. Wie lang sind dann erst zwanzig Tage? Für eine Politikerin, die ahnt, daß die Haie sie bereits umkreisen?

Die Zeit drängte, und am 16. Juni um drei Uhr morgens karrte die Polizei von Delhi politische Gegner der Premierministerin in Handschellen ins Gefängnis. Gleichzeitig wurde die Stromversorgung der Zeitungsdruckereien unterbrochen. Als die Druckereien wieder Strom hatten, erschienen die zensierten Zeitungen mit leeren, schwarz umrandeten Seiten, und in den Rubriken mit den Todesanzeigen meldeten sie, daß die Freiheit Indiens gestorben sei.

Eine Woche später erklärte der indische Präsident, da das Land in Gefahr sei, gelte ab sofort das Gesetz zur Erhaltung der inneren Sicherheit. Wenn jemand verhaftet wurde, erfuhr er nicht mehr den Grund. Das Recht auf körperliche Unversehrtheit wurde außer Kraft gesetzt, kein Gericht durfte überprüfen, wie ein Gefangener behandelt wurde, ob er überhaupt noch am Leben war. Der Verkündung des Ausnahmezustandes folgten nächtliche Razzien und Massenverhaftungen überall im Land, Opfer waren Oppositionspolitiker, Gegner aus Indira Gandhis eigener Partei, Studenten, Sozialarbeiter, Journalisten, Lehrer, Richter, Gewerkschaftsführer und Tausende unschuldiger Menschen, die sich zufällig am Ort einer Razzia aufhielten. Auch eine Gruppe ahnungsloser Hippies wurde verhaftet.

Die Schriften von Mahatma Gandhi, Nehru und anderen indischen Patrioten über das Recht auf Freiheit wurden verboten, die Redaktion von Mahatma Gandhis Zeitung wurde per Regierungserlaß aufgelöst. Und während die Hälfte von Indiens gewählten Repräsentanten im Gefängnis saß, wurde die indische Verfassung viermal geändert.

Die erste Änderung schloß jegliche juristische Überprüfung des Ausnahmezustandes aus.

Die zweite Änderung hob rückwirkend das wegen Korruption gegen Indira Gandhi ergangene Gerichtsurteil auf und nahm den Gerichten das Recht, sich in Zukunft mit Fällen von Wahlmanipulation durch einen Premierminister zu befassen.

Die dritte Änderung gewährte dem indischen Premierminister beziehungsweise der Premierministerin dauerhafte Immunität vor zivil- und strafrechtlicher Verfolgung – nicht nur für die Zeit, in der er oder sie das Amt bekleidete, sondern bereits für die Zeit vor der Amtsübernahme und, um ganz sicher zu gehen, auch für die Zeit nach dem Ausscheiden aus dem Amt.

Die vierte Änderung war ein besonders zynischer Schlag ins Gesicht des indischen Volkes: Nachdem es alle Grundrechte verloren hatte, bekam es nun eine Liste von Grundpflichten.

Der Oberste Gerichtshof, seiner Rechte im Verfassungssystem beraubt, hob das Urteil gegen Indira Gandhi auf. Einzig Richter Khanna, der gute Aussichten hatte, oberster Richter in Indien zu werden, erhob seine Stimme und erklärte sämtliche Verfassungsänderungen für ungültig, denn wenn ein Mensch ohne gesetzliche Grundlage um seine Freiheit und sogar sein Leben gebracht werden könne, sei die Grenze zwischen einem Rechtsstaat und einem gesetzlosen Staat aufgehoben.

Wie zum Beweis seiner Behauptung wurden die Büros von mehr als zweihundert widerspenstigen Anwälten in Delhi mit Baggern dem Erdboden gleichgemacht. Die Anwälte marschierten schweigend, in ihre schwarzen Roben gehüllt, im Protestzug zum Obersten Gerichtshof. Prompt wurden sie als Brandstifter und Aufrührer verhaftet. Aber den Armen, die dagegen protestierten, daß ihre Häuser zur Verschönerung der Hauptstadt abgerissen wurden, nannte man nicht den Grund für ihre Verhaftung.

Sie konnten sich auch gegen das neue Programm zur Kontrolle des Bevölkerungswachstums nicht wehren; die Regierungsangestellten mußten ihre Sterilisationsquoten erfüllen, wenn sie befördert werden oder nur ihren Arbeitsplatz behalten wollten. Dorfbewohner wurden zusammengetrieben, in den Städten bedrängten Polizisten die Ärmsten, Menschen starben an verpfuschten Operationen, Ärzte, die gegen die unhygienischen Umstände protestierten, wurden ins Gefängnis geworfen. Unterdessen hagelten aus dem verstaatlichten Fernsehen und Rundfunk Propagandasprüche auf die Bevölkerung hernieder mit dem Tenor, noch nie zuvor sei es ihr so gut gegangen. Schließlich bekam jeder nach der Sterilisation ein Transistorradio geschenkt.

Mit schrecklicher Konsequenz stattete Indira Gandhi ihren jüngeren Sohn Sanjay mit uneingeschränkten Befugnissen aus und machte ihn – ohne vorausgegangene Wahl – zum zweitmächtigsten Menschen im Land nach ihr. Ebenso konsequent glaubten die Premierministerin und ihr Sohn, nachdem sie rücksichtslos jeglichen Widerspruch im Land zum Schweigen gebracht hatten, die großen organisierten Massenkundgebungen seien spontane Beifallsbekundungen der Nation. Jenseits der Grenze, in Pakistan, standen Wahlen bevor. Entschlossen, aller Welt zu zeigen, daß sie die unbestrittene Stimme Indiens war, und bestärkt durch Geheimdienstberichte, die einen sicheren Wahlsieg voraussagten, beraumte Indira Gandhi kurzfristig Wahlen an, um ihre Schritte von den Wählern legitimieren zu lassen.

Alle rechneten damit, daß sie gewinnen würde. Das staatliche Radio und Fernsehen überschwemmten das Land mit Regierungspropaganda. Die Zeitungen wurden zensiert. Die Regierung erhöhte die Gehälter von Millionen von Staatsbediensteten – Lehrern, Fabrikarbeitern, Armeeangehörigen, Funktionären – in der Überzeugung, deren Eigeninteresse werde den Wahlsieg garantieren.

Die Wahlen sollten in sechs Wochen stattfinden, aber der Großteil der indischen Politiker saß immer noch im Gefängnis. Um der Welt zu zeigen, daß die Wahlen keine Farce waren, wurden sie freigelassen – auf Widerruf, mit der Verpflichtung, jeden ihrer Schritte dem örtlichen Polizeiposten zu melden, und mit der Auflage, ihren Wohnort nicht zu verlassen.

Alle wußten – auch wenn sie aus Angst vor Denunzianten nicht darüber sprachen –, daß es bei dieser Wahl um Indiens Zukunft ging. Was Mahatma Gandhi in den dreißiger Jahren mit seinem Salzmarsch getan hatte, mußte in den siebziger Jahren wiederholt werden: ein schweigender Protest von gewaltigem Ausmaß. Und dafür blieben gerade sechs Wochen Zeit.

Ich war in diesen Wochen bei etlichen Kundgebungen dabei, die nur durch Mund-zu-Mund-Propaganda angekündigt worden waren. Bei jeder Kundgebung wurde die Menschenmenge größer, ein Beweis, daß der Buschfunk für die Übermittlung wichtiger Nachrichten genauso effektiv ist wie elektronische Kommunikationsmittel. Während Indira Gandhi mit allem staatlichen Brimborium – Polizeikordons, riesige Rednertribüne, Transportservice für Zuschauer, die sich sonst nicht auf den Weg gemacht hätten – auf Kundgebungen in den großen Parks sprach, bemühten wir uns, die Worte von Politikern zu verstehen, die, auf Widerruf aus dem Gefängnis entlassen, mit einem schlichten Megaphon auf einer Holzkiste standen.

Auf dem Weg zur Universität von Delhi hörte ich die respekteinflößende Madame Pandit, die uns, in Mao-Jacke und mit blau getönten Haaren, aufforderte, für die Freiheit zu stimmen. Sie war zwar Nehrus Schwester, war aber nie durch Vetternwirtschaft zu ihren Ämtern gekommen. Als erste Frau hatte sie den Vorsitz in der Generalversammlung der Vereinten Nationen übernommen, und sie hatte eine herausragende Rolle in der indischen Freiheitsbewegung gespielt. Inzwischen war sie über achtzig und hatte sich eigentlich aus der Politik zurückgezogen, doch das Entsetzen darüber, daß ihre eigene Nichte die indische Demokratie zerstören wollte, hatte sie wieder auf den Plan gebracht, und nun sprach sie bei Versammlungen in der ganzen Hauptstadt.

Bei einer Veranstaltung hielt Madame Pandit ihre Rede in Hindustani. Als sie bemerkte, daß Kamerateams ihre Geräte aufbauten, unterbrach sie und fragte die Kameraleute, woher sie kämen. Die Kameraleute sagten, sie seien Reporter aus ganz Europa, und Madame Pandit fuhr mit ihrem leidenschaftlichen Plädoyer für die Freiheit fort – und übersetzte ihre Rede für die Fernsehkameras gleich in Englisch, Deutsch und Französisch. Es war eine Glanzleistung. Eine solche unangestrengte Weltgewandtheit – das machte mich stolz, Inderin zu sein.

Später, wenige Tage vor der bedeutungsschweren Wahl, fand abends eine Versammlung innerhalb der Altstadtmauern von Delhi statt, in der großen Freitagsmoschee, die die Mogulkaiser genau gegenüber dem Roten Fort, ihrer Residenz, errichtet hatten. Fünfhundert Jahre lang strebten alle, die in Indien die Macht erringen wollten, in diesen speziellen Bezirk von Delhi. Hier hatten die britischen Soldaten nach ihrem Sieg im Harem der letzten Mogulkaiser ihre Kasernen eingerichtet, und hier wurde nach der Unabhängigkeit der Union Jack eingeholt und die Fahne des freien Indien gehißt.

Die Sonne war schon lange untergegangen, als ich zu der Versammlung kam, aber noch immer strömten Menschen zur Moschee. Um die Kundgebung zu behindern, hatte die Stadtverwaltung den Strom für das gesamte Stadtviertel abgestellt, und schemenhaft erhob sich die riesige Moschee über den engen Gassen der Altstadt, in denen sich verschleierte Frauen drängten.

Denn in der Altstadt lebten überwiegend muslimische Familien, viele immer noch in denselben alten Häusern aus dem 16. Jahrhundert mit ihren Innenhöfen, gitterbesetzten steinernen Balkonen und engen Treppenhäusern, die schon ihre Vorfahren bewohnt hatten. Zwei lange Jahre hatten sie die Torturen des Ausnahmezustandes ertragen – hatten sie miterlebt, wie würdige alte Männer oder Knaben, die noch nicht einmal in der Pubertät waren, gewaltsam sterilisiert wurden, damit die Regierungsbeamten ihre Quoten erfüllten; hatten sie miterlebt, wie Läden von den unaufhaltsam vorrückenden Baggern in Schutt verwandelt wurden.

An diesem Abend spendeten nur Kerosinlaternen und lange Fackeln ein wenig Licht, und die Szenerie wirkte dadurch feierlich, fast großartig. Wir sahen die große Moschee so, wie sie auch die Mogulherrscher gesehen hatten: die riesenhaften Umrisse, eine dunkle Masse vor dem Himmel, durch kein Neonlicht aus den Basaren und dem Straßengewirr der Altstadt verkleinert.

Zwei- und dreistöckige Häuser umgaben die Moschee. Auf den spärlich beleuchteten Balkonen standen Frauen in weiten Burnussen wie Zuschauer auf den Rängen eines Theaters, dunkle Silhouetten, die Körperkonturen vom Faltenwurf des schwarzen Stoffes verborgen.

Kein Platz war mehr frei auf den breiten Sandsteinstufen, die hinauf zu der Tribüne führten, wo Fackeln die Gesichter der Redner zu grotesken Schatten verzerrten, während sie zu den Menschenmassen sprachen, die in die Gassen strömten. Wir konnten die Redner kaum verstehen, aber an ihren Silhouetten erkannten wir sie. Einer war der Imam der Moschee, der Sprecher der Muslime, und er saß Seite an Seite mit dem Führer der rechtsgerichteten Hindus. Seit der Zeit der Teilung waren sie erbitterte Feinde und haßten sich bis aufs Blut. Und nun ermahnten sie uns einmütig, von unseren demokratischen Rechten Gebrauch zu machen. Madame Pandit, der größte Snob von Indien, war ebenfalls da, ihre Haare schimmerten purpurrot im Lichtschein. Auf den überfüllten Stufen hatte sie keinen Platz gefunden, und so saß sie nun zu Füßen des Führers der Unberührbaren. Es spielte keine Rolle, welcher Kaste oder Klasse jemand angehörte und welchen Gott er verehrte, weder bei den Rednern oben auf der Tribüne noch bei uns Zuhörern unten, die wir angestrengt jedes Wort aufzunehmen versuchten, als sie uns daran erinnerten, daß unsere Stimmen den Lauf der Geschichte verändern könnten.

Plötzlich standen die Frauen nicht mehr auf den Balkonen, sondern mitten unter uns, mit unverhüllten Gesichtern, die Schleier entschieden zurückgeschlagen. Sie verließen *purdah*, die Abgeschiedenheit der Frauengemächer, um sich gegen die Politiker zu erheben, die sie dafür verantwortlich machten, daß ihre Männer entehrt, ihre Häuser zerstört worden waren.

Vierzehn Tage später war die Wahl vorüber, die letzten Stimmen wurden ausgezählt, und die Regierung schickte sich an, ihren Sieg zu feiern.

Um zwei Uhr morgens stand ich mit zahllosen anderen Menschen vor dem Redaktionsbüro des *Indian Express*. Wir warteten zu so ungemütlicher Stunde, weil die Zeitungskorrespondenten aus dem gesamten Land die Wahlergebnisse durchgaben, Ergebnisse, die so schockierend waren, daß die regierungsamtlichen Radio- und Fernsehstationen sie nicht zu senden wagten.

Alle paar Minuten kam ein Journalist aus dem Redaktionsgebäude, drückte einem dünnen Schreiber in grauen Hosen, der mit Kreide vor einer Tafel stand, einen Zettel in die Hand, und lief wieder hinein. Wir hielten den Atem an, während der Schreiber das neueste Ergebnis auf die von einem Scheinwerfer erleuchtete Tafel schrieb. Jedesmal, wenn wieder ein Kandidat von Frau Gandhis Partei seinen Parlamentssitz verloren hatte, bewarfen die Zuschauer den Schreiber, den Überbringer der frohen Botschaft, mit Geldstücken, und er blickte uns verwundert an, während der Geldregen wie Konfetti auf ihn niederging.

Als Frau Gandhi ihren Parlamentssitz mit deutlichem Verlust einbüßte, warfen die Frauen dem Schreiber ihre Juwelen zu.

In all den Jubelrufen hörte ich eine Stimme sagen: »Sie hat bekommen, was sie verdient hat. Warum mußte sie die Armen so quälen?«

# 22
## *Verlieren*

Der nationale Notstand bedeutete einen Wendepunkt für Indien. Der Präsident und der Oberste Gerichtshof waren kompromittiert, weil sie ihren Segen dazu gegeben hatten; die Bürokraten und die Polizei, weil sie ihn durchgesetzt hatten; und Radio und Fernsehen, weil sie ihn, ungehindert von einer geknebelten Presse, gepriesen hatten.

Der neue Premierminister Morarji Desai wollte den Indern einsichtig machen, durch welche Mittel sie ihrer Freiheit so leicht hatten beraubt werden können. Er ließ eine öffentliche Untersuchung über die Gründe des Notstands durchführen, und die Anhörungen wurden landesweit im Fernsehen übertragen. Während das Parlament Frau Gandhis Verfassungsänderungen rückgängig machte, erschienen Tag für Tag Dutzende von Menschen vor der Shah-Kommission und berichteten über ihre Erlebnisse – die allzuoft auch die Folter einschlossen. Ihre Aussagen wurden dann im Bericht der Kommission veröffentlicht, der eine einzigartige Basis für die Durchleuchtung der indischen Demokratie darstellte.

Eines zeigten die Anhörungen ganz eindeutig: Wir brauchten dringend politische Alternativen, denn nur so ließen sich die Exzesse jener Partei kontrollieren, die Indien seit dreißig Jahren regierte. Doch unsere erste Alternative, die Janata Partei, wurde unter sehr ungünstigen Umständen gegründet: Ihre Führer waren auf Widerruf aus dem Gefängnis entlassen, sie durften nicht zusammenkommen und strittige Angelegenheiten diskutieren. Später, nachdem die Janata-Politiker die Regierung übernommen hatten, verhielten sie sich innerhalb kürzester Zeit genauso wie ihre Vorgänger von der Kongreß-Partei. Während die Janata-Partei langsam zerfiel, reiste Indira Gandhi durch das

Land, bestritt, daß sie für die Exzesse während des Ausnahmezustandes verantwortlich sei, und versprach eine funktionsfähige Regierung. Bei der nächsten Wahl sahen die Menschen keine politische Alternative mehr und holten Frau Gandhi zurück. Sämtliche Exemplare des Berichts der Shah-Kommission über den Notstand wurden beschlagnahmt und vernichtet.

Nun entbrannte der Kampf um die Macht erst richtig. Während wir die nächsten Jahrzehnte Ausschau hielten nach dem schwer erreichbaren Siegespreis eines echten Mehrparteiensystems, suchten unsere politischen Führer nach immer neuen Wegen, uns zu spalten.

Doch zumindest wußten wir, daß die kategorische Verurteilung des Notstandes unsere Demokratie für immer gerettet hatte.

Wir waren nicht auf die Idee gekommen, uns gegen die Religionspolitik zu wehren. Wir waren ganz sicher, daß kein indischer Politiker es wagen würde, auf die Religion zu setzen, um an die Macht zu gelangen. Nicht nach den schrecklichen Vorgängen bei der Teilung des Landes. Jedermann wußte, daß die Religion Indiens Rubikon war. Dahinter lag das Chaos.

Doch ein Sozialreformer, der »das Gewissen der Nation« genannt wurde, kannte Indien besser als wir. Nur Minuten nach der Ausrufung des Ausnahmezustandes holten sie den sterbenskranken Jayaparakash Narayan aus dem Bett und schleppten ihn ins Gefängnis, das erste Opfer der verlorenen Freiheit. An die Gefängniswärter gewandt, beschrieb er Indira Gandhis Verhalten mit den berühmten Zeilen aus dem Sanskrit, die vom Wahnsinn Sitas, der Frau des Gottes Rama, handeln.

In dem indischen Mythos wandern Sita und ihr Schwager Lakshman durch den Dschungel, in der Erwartung, daß Rama sie findet. Laksham will jagen gehen, damit sie etwas zu essen haben, aber bevor er Sita verläßt, zieht er drei Linien auf dem Boden und beschwört sie, diese drei Linien nicht zu überschreiten, denn dann könne er sie nicht mehr beschützen. Sita bleibt zurück. Auf einmal sieht sie durch die Bäume einen goldenen Hirsch, dessen Stimme wie die Stimme Ramas klingt.

Und sie überschreitet die Trennungslinie zwischen Schutz und Chaos.

Während die verlegenen Wärter Jayaparakash Narayan, der beim Kampf für Indiens Freiheit an Mahatma Gandhis Seite gestanden hatte, Handschellen anlegten, rezitierte er die Verse:

> Niemand sieht einen goldenen Hirsch,
> niemand hört einen goldenen Hirsch,
> Bis die Zeiten schlecht sind
> und der Verstand sich verwirrt.

Und die Zeiten waren wieder schlecht. Uns wurde gesagt, unser reicher Pluralismus, die Vielschichtigkeit, die unsere Identität ausmachte, sei ein Übel, eine fremde Vorstellung aus der westlichen säkularisierten Welt, die Indien übergestülpt worden sei.

Wir standen vor einem zweiten Wendepunkt.

Die indischen Politiker hatten den goldenen Hirsch der Macht zwischen den Bäumen Indiens gesehen, und seine Stimme klang in ihren Ohren wie die Stimme des Gottes.

## 23

## *Gottes Werk*

Die in Großbritannien lebenden Sikhs feierten den dreihundertsten Geburtstag ihrer Religion in der Royal Albert Hall in London und luden den indischen Schriftsteller Khushwant Singh als Festredner ein. Singh war früher Angehöriger der indischen Botschaft in London gewesen. Sein Roman *Train to Pakistan* (Zug nach Pakistan) galt als Klassiker über die Schrecken der Teilung. Außerdem war er ein Sikh.

Unbeeindruckt von den roten Samtstühlen und den königlichen Logen der Albert Hall erhob sich Singh und rief in den überfüllten Saal: »Geliebte Brüder, erinnert ihr euch an den Geschmack von ungesäuertem Brot?«

Zustimmendes Murmeln ging durch die Reihen der Männer mit ihren Turbanen, als sie die erdverbundene Sprache der Bauern aus dem Panjab hörten. Ihre nach Indien zurückgekehrten fleißigen Verwandten verwandelten unterdessen den Panjab in die Kornkammer Indiens, jedenfalls soweit sie nicht der indischen Armee angehörten und dort bevorzugt in vorderster Front kämpfen mußten.

»Und erinnert ihr euch an den Geschmack von schwarzen Linsen?« Pfiffe und Getrampel brachten den Saal zum Beben, als die Zuhörer voller Heimweh an die Speisen dachten, denen sie ihre besonders kräftige Konstitution zuschrieben.

»Und wie ist es mit dem Geschmack von Senföl und Zuckerrohrsaft?«

Jetzt hielt es die Sikhs nicht mehr auf ihren Sitzen, sie sprangen auf und schrien ihren Schlachtruf: »Sieg den Gläubigen des Guru! Sieg seinen Getreuen!«

Mit diesem Ruf antworteten sie immer, wenn etwas sie sehr bewegte. Die Sikhs sind stolz auf ihre kriegerische Vergangenheit, darum tragen sie ihr langes Haar immer noch unter dem Turban, ihrem Symbol, an dem sie sich früher gegenseitig auf dem Schlachtfeld als Verteidiger ihrer Religion erkannten. Während der religiösen Verfolgung durch den fanatischen Mogulkaiser Aurangzeb gaben sogar Hindufamilien oft einen Sohn zu den Sikhs, damit die Linie erhalten blieb.

Doch in ihrem wichtigsten Heiligtum, dem Goldenen Tempel von Amritsar, dem Symbol für die spirituelle Macht Gottes, mit einer Bibliothek, die Bücher aus fünf Jahrhunderten enthält und Handschriften von den Gurus der Sikh-Religion, ist Heiterkeit sakrosankt.

Oder vielmehr war sie es, bis Indira Gandhi und ihr jüngerer Sohn einen zwielichtigen Sikh-Priester namens Bhindranwale dabei unterstützten, die Regierung des Bundesstaates Panjab zu stürzen.

In dem Wissen, daß die Zentralregierung auf ihrer Seite stand, drangen der Priester und seine Gefolgsleute, mit Maschinengewehren bewaffnet, in den Goldenen Tempel ein. Aus dem Schutz des Tempels ordnete der Priester an, jeder, der kein Sikh sei, müsse den Bundesstaat verlassen. Während er eine fanatische Anweisung nach der anderen gab, schlugen seine Gefolgsleute Sikhs zusammen, die zu protestieren wagten, erschossen den Polizeichef, der ein Sikh war, und schüchterten alle Nicht-Sikhs so ein, bis sie aus dem Bundesstaat flohen. Binnen kurzem war der Panjab ein Heerlager. In dem Bundesstaat wurden die Hindus terrorisiert, außerhalb des Bundesstaates die Sikhs. Zum ersten Mal in der indischen Geschichte standen sich Hindus und Sikhs haßerfüllt gegenüber.

Mit der Begründung, Ruhe und Ordnung müßten wiederhergestellt werden, übernahm Indira Gandhi die Kontrolle über den Panjab. Aber das Ungeheuer, das sie so unbedacht geschaffen hatte, ließ sich nicht mehr kontrollieren. Der Priester war mittlerweile so mächtig, daß andere politische Gruppierungen ihn umwarben. Er war so mächtig, daß er sich nicht umwerben lassen wollte – er wollte ein eigenes Land. Indira Gandhi hatte schließlich keine andere Wahl mehr, sie schickte die indische

Armee in den Panjab, um den Priester zu stürzen. Im Kampf wurde die große Bibliothek der Sikhs zerstört, unschuldige Gläubige kamen im Kreuzfeuer um. Der weiße Marmorboden des Goldenen Tempels war mit Blut besudelt.

Um die Toten zu rächen, hat ein Sikh, einer ihrer Leibwächter, Indira Gandhi im Wahlkampf erschossen. Schwadronen von Schlägern übten Vergeltung, indem sie Tausende von Sikhs in Delhi ermordeten.

Tempel der Sikhs wurden in Brand gesteckt, Priester, die heilige Bücher hüteten, wurden angezündet. Wer einen Turban trug, war seines Lebens nicht mehr sicher. In Todesangst schnitten die zahlenmäßig weit in der Minderheit befindlichen Sikhs ihre langen Haare ab, aber sie wurden trotzdem niedergemetzelt. Die indische Armee, die das Morden hätte verhindern können, mußte auf Befehl der Regierung unter Indira Gandhis Sohn Rajiv in ihren Kasernen bleiben, und der einzige indische General, der jemals die Kapitulation einer feindlichen Armee entgegengenommen hatte, wurde als Verräter beschimpft, weil er ein Sikh war. Seine Frau und seine Kinder mußten fliehen und Unterschlupf bei entsetzten Fremden suchen.

Ich begleitete eine Angehörige der Sikhs durch eine Vorstadt von Delhi, Trilokpuri, wo es besonders viele Massaker gegeben hatte. Weil mich einige Menschen für ein Familienmitglied der toten Premierministerin hielten, machten sie sich an mich heran und brüsteten sich damit, wie viele hilflose Sikh-Familien sie in ihren Häusern umgebracht hätten.

»Woher wußten Sie, wo die Sikhs wohnten?«

»Wir bekamen Listen mit ihren Adressen. Und Kerosinkanister.«

»Von wem?«

»Das wissen Sie doch. Jeder weiß es.«

Sie verstanden meine Empörung nicht. Und gewiß hätten sie auch die Empörung der Inder nicht verstanden, die für die verwundeten Frauen und Kinder Nahrungsmittel und Kleidungsstücke in ein privat unterhaltenes Flüchtlingslager brachten, wo Priester aller Religionen verstörte Menschen zu trösten versuchten, die ihre Angehörigen verloren hatten, wo Menschen unterschiedlicher Religion sich mühten, ihre Qual ein wenig zu lindern. Überall hörte ich, wie einfache Inder sich in ohnmächtiger Wut darüber empörten, daß die regierende Partei die Soldaten in den Kasernen ließ und behauptete, die Massaker seien ein spontaner Ausbruch von Schmerz und Trauer. Wenn das gestimmt hätte, warum wurden dann in den Bundesstaaten, in denen Indira Gandhis Partei nicht regierte, so wenige Sikhs angegriffen? Später fragten die Menschen, warum Rajiv Gandhi nicht in seiner Eigenschaft als Premierminister eine Untersuchung der Massaker durchführen ließ, obwohl detaillierte Fallberichte vorlagen, die ein Bürgerkomitee unter dem Vorsitz eines obersten Richters gesammelt hatte.

Nach Indira Gandhis Ermordung und dem Bürgerkrieg im Panjab würde es wohl kein Politiker wagen, »die religiöse Karte zu spielen«, wie mit zynischem Understatement in Indien gesagt wurde.

Aber wir hatten Kaschmir vergessen.

Kaschmir, an die heiligen Berge des Himalaya geschmiegt, besitzt eine einzigartige religiöse Mystik. Der Islam in Kaschmir war von den ekstatischen Visionen der Sufis geprägt, der Dichter-Heiligen, und der Hinduismus von dem großen Weisen Shankaracharya, der Pilger dazu gebracht hatte, von den Gestaden des indischen Ozeans durch das ganze Land zu wandern bis zu den weit oben in den Bergen gelegenen Höhlen und zu erfahren, daß sie zu einer gemeinsamen Welt gehörten. Als die blutigen Teilungskämpfe tobten, bezeichnete Mahatma Gandhi das friedvolle Kaschmir als »Insel der Gesundheit«.

Doch kurz vor ihrem Tod hatte Indira Gandhi die demokratisch gewählte Regierung des Bundesstaates abgesetzt und eine Marionettenregierung bestimmt. Drei Jahre später tat Rajiv Gandhi das gleiche, und diesmal explodierte das schöne Kaschmir-Tal in Gewalt, überzeugt davon, daß es von der imperialistischen Hauptstadt niemals Gerechtigkeit erfahren würde. Demagogische Priester machten sich die Ängste der überwiegend muslimischen Bevölkerung zunutze, und die Mystik Kaschmirs verwandelte sich in Fanatismus. Jeder, der nicht an den Islam glaubte, wurde terrorisiert und aus dem Tal vertrieben. Die Regierung schickte Soldaten. Hunderttausend geflohene Hindus fristeten in Lagern ein elendes Dasein und warteten auf die Rückkehr nach Hause, zwanzigtausend Muslime konnten nicht mehr zurückkehren, sie wurden von Polizei oder Armee getötet.

Als wären die tödlichen Abenteuer im Panjab und in Kaschmir immer noch nicht genug, erfuhren wir, daß Indira Gandhi aufständische Tamilen in Sri Lanka finanziell und bei der Kampfausbildung unterstützt hatte, weil sie auf die Wählerstimmen der dreißig Millionen in Indien lebenden Tamilen spekulierte, die an der ungerechten Behandlung der Tamilen auf Sri Lanka Anstoß nahmen.

Unter Rajiv Gandhi wurde diese Unterstützung noch verstärkt. Guerillaführer aus Sri Lanka wurden in Delhi als Gäste der indischen Regierung empfangen. Indien verletzte den Luftraum über Sri Lanka und warf Hilfsgüter für belagerte tamilische Stellungen ab. Schließlich war die Regierung von Sri Lanka so verängstigt, daß sie Indien gegen die Rebellion zu Hilfe rief, doch als unsere Armee in Sri Lanka eintraf, stellte sie fest, daß die Rebellen, die sie ausgebildet hatte, sich nicht mehr aufhalten ließen.

In den nächsten drei Jahren wurden fünfzehnhundert indische Soldaten von tamilischen Guerillakämpfern getötet. Erst ein neuer Premierminister, V. P. Singh, brachte unsere demoralisierten Truppen schließlich wieder nach Hause, und zurück blieb der nagende Haß der Tamilen auf indische Politiker.

Panjab, Kaschmir, tamilische Guerillas, so viel Schaden in fünf kurzen Jahren – und das Schlimmste sollte erst noch kommen.

Viele Jahre zuvor hatte der indische Vizekönig Lord Wavell bei den Verhandlungen über die Teilung des Subkontinents festgestellt: »Je mehr ich von diesen indischen Politikern sehe, desto mehr verzweifele ich an Indien.«

Nun verzweifelten die Inder an ihren Politikern, da sie ein weiteres Mal zuließen, daß der Geist des Hasses zwischen Hindus und Muslimen die indische Politik verseuchte.

Im Jahr 1985 hatte der Oberste Gerichtshof von Indien einer Muslimin, die weder lesen noch schreiben konnte, Unterhaltszahlungen von ihrem geschiedenen Mann zugesprochen. Dieses historische Urteil hatte Folgen für alle Frauen in Indien, doch um sich die Unterstützung der fundamentalistischen muslimischen Wähler zu sichern, setzte Rajiv Gandhi 1986 mit seiner Parlamentsmehrheit ein neues Gesetz durch. Künftig unterlagen die muslimischen Frauen der Schariat, dem islamischen Ehe- und Scheidungsrecht, nach der mittelalterlichen Auslegung. Die gemäßigten Muslime und die breite Mehrheit der Inder reagierten entsetzt. Wenn sich die Stimmen der fundamentalistischen Muslime auf diese Weise kaufen ließen, welchen Preis würden dann die fundamentalistischen Hindus verlangen? Hatte der Premierminister vergessen, daß in den hinduistischen *Gesetzesbüchern des Manu* die Unberührbarkeit festgeschrieben war? Begriff er nicht, daß durch nackten Opportunismus die Bemühungen, in Indien Gleichheit vor dem Gesetz zu schaffen, um Jahrhunderte zurückgeworfen wurden? Wohin würde das noch führen?

Die Frage wurde wenige Wochen später in der kleinen Tempelstadt Ayodhya im Norden des Landes beantwortet.

Viele Hindus glauben, daß Ayodhya die Geburtsstadt des Gott-Königs Rama ist, und die Priester all der Tempel rings um Ayodhya behaupten, genau an dieser Stelle sei Rama zur Welt gekommen. Hinduistische Fundamentalisten haben eine bestimmte Moschee aus dem 16. Jahrhundert als die tatsächliche Geburtsstätte anerkannt. Um religiöse Auseinandersetzungen zu verhindern, hatte man die Moschee seit einem halben Jahrhundert verschlossen gelassen. Nun drängten aufgebrachte Hindus einen Bezirksrichter, das Gebäude wieder für die Verehrung des Gott-Königs zu öffnen.

Da erinnerte sich Rajiv Gandhi auf einmal daran, daß es in Indien sechsmal so viele Hindus wie Muslime gab, und er gestattete ihnen, in dem umstrittenen Bezirk den Grundstein für einen Tempel zu legen. Dann kam er zum Wahlkampfauftakt nach Ayodhya und versprach Indien »Ram Rajya«, die Regierung des Gott-Königs Rama.

Die Partei der nationalistischen Hindus BJP, die »Indische Volkspartei«, ergriff die politische Waffe, die Rajiv Gandhi ihr so unbedacht in die Hände gelegt hatte, und verkündete, sie sei die einzige Partei, die Indien zu einer Regierung des Gott-Königs Rama verhelfen könne.

Nur ein Marxist hatte den Mut, trocken anzumerken, daß Indien Latrinen dringender brauche als Tempel und Moscheen. Die weise Feststellung wurde indes ignoriert. Doch Rajiv Gandhi verlor die Parlamentswahl, die Hindu-Nationalisten gewannen sie auch nicht, und Indien bekam eine kurze Atempause, als die neue Regierung Ayodhya von der Polizei abriegeln und religiöse Aufrührer verhaften ließ.

Aber die ausgesperrten hinduistischen Fanatiker sorgten dafür, daß der Konflikt weiter schwelte, und ihre Rhetorik wurde zunehmend martialischer, je näher der nächste Wahltermin heranrückte.

Die BJP erhielt gewaltigen Zulauf, nachdem sie den Tempelbau zu ihrem zentralen Wahlkampfthema gemacht hatte. Die BJP-Führer schworen, sie würden die Babri-Moschee zerstören und auf ihren Ruinen einen großen hinduistischen Tempel errichten. Sie reisten durch den Subkontinent, forderten jedes Dorf auf, einen Ziegel für den neuen Rama-Tempel zu brennen, und sagten den Hindus immer wieder, die Muslime hätten ihren Glauben entweiht.

Im nächsten Wahlkampf wurde Rajiv Gandhi von einer tamilischen Guerillakämpferin in die Luft gesprengt, die den Sprengstoff als lebende Bombe an ihrem Körper trug.

Indiens neuer Premierminister Narasimha Rao stand einer Minderheitsregierung vor und wollte es sich mit den Hindu-Nationalisten nicht verderben. Die BJP war nunmehr die zweitstärkste Partei im Parlament.

Ermutigt durch Raos Tatenlosigkeit, zerstörten dreihundert hinduistische Fanatiker an einem Dezembermorgen im Jahr 1992 in Gegenwart von führenden Politikern der BJP die Babri-Moschee mit bloßen Händen und richteten auf dem Schutt Bildnisse von Rama auf.

Es folgten schwere Auseinandersetzungen zwischen Hindus und Muslimen. 1200 Kilometer entfernt, im Bundesstaat Maharashtra, ermordeten bewaffnete Banden der mit der BJP verbündeten Shiv Sena, der »Armee Shivas«, Muslime mit der Begründung, sie seien pakistanische Spione. Eine Woche lang war Bombay, die Hauptstadt des Bundesstaates und der Motor der indischen Wirtschaft, vor Angst gelähmt. Innerhalb eines Monats stand in Bombay erneut alles still, nachdem an unterschiedlichen Stellen in der Stadt gleichzeitig zehn Bomben hochgegangen waren und Luxushotels, Firmenbüros und die über hundert Jahre alte Börse zerstört und Hunderte getötet und verletzt hatten.

Wie konnte das geschehen? Ganze fünfzehn Jahre zuvor hatte ich während des Ausnahmezustandes BJP-Politiker Seite an Seite mit muslimischen Geistlichen in Indiens größter Moschee stehen sehen, und gemeinsam hatten sie uns beschworen, Indien auf den Weg der Demokratie zurückzubringen.

»Warum machen Sie bei diesem Wahnsinn mit?« fragte ich jetzt eine BJP-Politikerin.

»Wir tun nur das, was die Kongreßpartei getan hat«, erwiderte sie. »Aber wir sind effektiver.«

Sehr viel effektiver, in der Tat. Sie stellten eine Liste auf, welche Moscheen noch zerstört werden sollten. Einer ihrer Gefolgsleute hatte ein ganzes Buch darüber geschrieben, daß ein weiteres muslimisches Monument auf einer heiligen Stätte der Hindus errichtet worden war. Er brachte das Buch in den Vereinigten Staaten auf den Markt, und seine Behauptung weckte sogar die Aufmerksamkeit der *New York Times*.

Das Taj Mahal, sagten die Anhänger des Autors, sei ein Angriff auf den hinduistischen Glauben. Es müsse ebenfalls zerstört werden.

# 24

## *Stempeln gehen*

Bei einer Wahl in den achtziger Jahren saß eine junge Frau namens Nalini Singh als Wahlhelferin im Wahllokal, als bewaffnete Männer hereinstürmten. Mit ihren Gewehren vertrieben sie die verängstigten Wähler, nahmen alle Stimmzettel und stempelten den Namen eines einzigen Kandidaten darauf. Mit vorgehaltenen Waffen zwangen sie dann den Wahlleiter, die Urnen mit den Stimmzetteln zu versiegeln.

Die junge Frau war von dem Vorfall so entsetzt, daß sie beschloß, einen Fernsehfilm darüber zu drehen. Ganz Indien sollte sehen, wie die Wahlen manipuliert wurden.

In ihrem Film interviewte die Regisseurin Banden, die von politischen Parteien aller Richtungen angeheuert worden waren und dafür sorgen sollten, daß ihre jeweiligen Kandidaten gewannen. Mit maskierten Gesichtern berichteten die Gangster vor laufender Kamera stolz, wie sie »Muskelkraft« in der indischen Politik ins Spiel brachten.

Zuerst wurden die Dorfbewohner bestochen. Wenn das nicht ausreichte, wurden die Dorfältesten zusammengeschlagen. Wenn das Verprügeln geachteter Mitglieder der Dorfgemeinschaft immer noch nicht wirkte, wurden ein paar Glieder gebrochen – hier ein Arm, dort ein Bein. Wenn selbst das nicht den gewünschten Erfolg brachte, dann, sagte ein Bandenmitglied mit gespieltem Bedauern, mußte der widerspenstige Wähler leider erschossen werden. Wenn die Dorfbewohner oder Fabrikarbeiter oder Slumbewohner danach immer noch auf ihrem freien Wahlrecht bestanden, blieb nur eine Bombe übrig, das machte stets großen Eindruck auf das Selbstbewußtsein der Wähler.

Um ihrem Boß den Wahlsieg zu sichern, drangen die Banden auch in Wahllokale ein und stempelten alle Stimmzettel mit dem

Symbol ihres Kandidaten – so wie bei der Regisseurin, die nun ihren Film darüber drehte. Auf ihre Frage, ob sie keine Angst hätten, weil sie doch gegen die Gesetze verstießen, lachten sie nur.

Polizei, Verwaltungsbeamte, Richter – sie waren alle Diener des Staates. Und bald würde ihr Kandidat die Macht im Staat besitzen. Wer würde es wagen, sie zu bestrafen?

Viele Bandenführer beschlossen, selbst in die Politik zu gehen. Mit ihrer »Muskelkraft« können sie dafür garantieren, daß sie gewinnen und daß die Beute, die das System abwirft, in ihre Hände gelangt.

# 25

# *Das größte Spektakel auf Erden*

Nach der euphorischen Begeisterung über die Wende in den Ländern des kommunistischen Blocks, die die Fesseln des Sowjetimperiums abschütteln konnten, stellt die Welt nunmehr fest, daß die Kombination von politischer Freiheit und wirtschaftlicher Not um einiges gefährlicher ist als jede Menge Molotow-Cocktails. Händeringend warnen Kommentatoren vor der explosiven Lage in Osteuropa, wo die Menschen, die sich so lange nach der Freiheit gesehnt haben, nun vor leeren Regalen stehen.

In Indien bewahren Millionen hungriger Menschen die angeblich gefährliche Freiheit nun schon seit fünfzig Jahren. Sie wissen, daß jede Wahl ein Pokerspiel um den höchsten Einsatz ist – um ihr Leben.

So wurde denn auch die neunte Parlamentswahl in der Indischen Union im Jahr 1989 mit großem Interesse verfolgt. Die Wahl wurde kurzfristig anberaumt – mit der kürzesten Frist, die nach der indischen Verfassung erlaubt ist –, denn damit glaubte die amtierende Regierung ihren Wahlsieg in der Tasche zu haben.

Premierminister Rajiv Gandhi rechnete mit der Unterstützung der Jungwähler und setzte das Wahlalter von einundzwanzig auf achtzehn Jahre herab. So gab es eine halbe Milliarde Wahlberechtigte.

Fünfhundert Millionen Wähler. Man stelle sich sämtliche Wahlberechtigte der Vereinigten Staaten und Kanadas plus sämtliche Wahlberechtigte von Ost- und Westeuropa vor – die alle zur gleichen Zeit in ihren verschiedenen Sprachen ihre Stimme abgeben und eine gemeinsame Regierung wählen. Man denke dabei an die ungeheuren physischen Anstrengungen, die erforderlich sind, um eine so riesige Wahlmaschinerie in Gang zu setzen.

Drei Wochen vor einer Wahl müssen die Kandidaten ihre Unterlagen einreichen und bekommen politische Symbole zugeteilt. Symbole sind in Indien unerläßlich – die Hälfte der Wähler können weder lesen noch schreiben und orientieren sich bei der Wahl an Bildern. Oft stellt eine politische Partei einen chancenlosen Außenseiter auf, weil sein Symbol dem eines mächtigen Gegners zum Verwechseln ähnlich sieht, in der Hoffnung, daß Menschen, die es nicht gewohnt sind, kleingedruckte Bilder genau zu betrachten, den Unterschied nicht bemerken.

Wenn die Unterlagen eingereicht sind, bleiben nur noch einundzwanzig Tage bis zum Urnengang. Nun muß die Wahlkommission die Stimmzettel drucken. Eine scheinbar leichte Aufgabe – aber nicht in Indien. Die Wahlkommission muß die Namen und Symbole aller Kandidaten korrekt auf eine halbe Million Stimmzettel setzen – in siebzehn verschiedenen Sprachen, die jeweils ihre eigene Schrift haben. Dann müssen die Stimmzettel zu den unzähligen Wahllokalen überall im Land geschafft werden. Pro tausend Einwohner gibt es einen Wahlraum, von den unzugänglichen Bergen des Ladakh an der Grenze zu Tibet bis zu den entlegensten Wüstengebieten von Rajasthan an der Grenze zu Pakistan und im Süden bis an die Küste des Indischen Ozeans.

Mit wachsendem politischen Bewußtsein wächst auch die Zahl der Kandidaten, und bei der Wahl 1989 zeigte ein Nachrichtensprecher im Fernsehen amüsiert den Stimmzettel eines einzigen Wahlkreises mit den einhundertzweiundzwanzig Namen und einhundertzweiundzwanzig Symbolen der Kandidaten. Der Stimmzettel war so groß wie die Seite einer Tageszeitung, und der Nachrichtensprecher demonstrierte, daß es mehr als drei Minuten dauere, ihn klein genug zu falten und in die Wahlurne zu stecken.

Während die Wahlkommission mit diesem logistischen Alptraum beschäftigt ist, tritt der Wahlkampf in die heiße Phase.

Und der Wahlkampf vor einer Parlamentswahl in Indien ist politisches Theater in seiner verrücktesten Form.

Lieder gehören dazu. Straßentheater. Videofilme. Dichter stellen Kandidaten mit eigens für sie verfaßten Oden vor. Wahlkampffahrzeuge werden mit wilder Phantasie in mythologische Streitwagen verwandelt. Wundertäter und Gottesmänner, Filmstars und Priester treten auf. Auf den Basaren werden Spottgesänge über die Wahlversprechen der Kandidaten gesungen. Zu Kundgebungen erscheinen eine halbe Million Menschen, und Kandidaten gehen von Tür zu Tür, um die Wähler zu bearbeiten.

Die bloße Dimension einer Wahl in Indien hat dem Wörterbuch der Demokratie einen neuen Begriff – »Welle« – beschert. Damit wird die Bekundung des Wählerwillens beschrieben, die so elementar und gewaltig ist, daß sie alle vorher angestellten Berechnungen wegspült.

Aber das Wort »Welle« suggeriert auch, daß die Wähler hinters Licht geführt werden können. Wie Malcolm Muggeridge gesagt hat: Ein Mann, der kaum genug zu essen hat, kann kein politisches Bewußtsein haben. Demnach müßten die Millionen gänzlich ungebildeter, halb verhungerter Wähler, die mit ihrer Stimmabgabe eine Welle produzieren, eigentlich ein durch populistische Propaganda manipulierter oder durch Gewalt eingeschüchterter Mob sein.

Prüfen wir zuerst, was es mit dem Populismus auf sich hat. In den fünfziger Jahren galt Marktdurchdringung als die Zauberformel, um eine Botschaft zu den Menschen zu bringen. Damals hatte Coca Cola den Markt am weitesten durchdrungen, und unsere Regierung schlug Coca Cola vor, zusammen mit den Getränken Verhütungsmittel zu vertreiben. Doch Dorfbewohner, die dreißig Kilometer laufen mußten, um Trinkwasser zu bekommen, waren nicht die richtigen Kunden für das paradiesische Gefühl, das die sprudelnden Getränke versprachen, und so wurde das Projekt abgebrochen. Wieder einmal spielte der staatliche Rundfunk eine herausragende Rolle bei der Propagierung der Geburtenkontrolle.

In den siebziger Jahren hielt das Fernsehen Einzug in die politische Arena Indiens. Wie das Radio wurde auch das Fernsehen eine mächtige Waffe in der Kommunikation, von der Regierung kontrolliert. Aber zum ersten Mal wurden Radio und Fernsehen nun zu politischen Zwecken eingesetzt.

Im Jahr 1975 verkündete Indira Gandhi den Ausnahmezustand und leitete ein Programm zur massenhaften Sterilisierung der männlichen Bevölkerung ein. Als Entschädigung für die erlittenen Schmerzen, die häufig auftretenden Blutvergiftungen und die Verletzung der Würde bekam jeder Sterilisierte ein Kofferradio. Über das Fernsehen und die zynisch verschenkten Radios wurden die Massen mit einem Schwall von Propaganda überschüttet, wie wunderbar die Dinge unter der gütigen Herrschaft von Frau Gandhi und ihrer Familie stünden.

Der besagte ungebildete, verängstigte Mob wußte sehr wohl, daß die Regierung jeglichen Widerspruch zum Verstummen gebracht hatte, und so stellte er in seinen Radios das internationale Programm der BBC ein. Bald waren diese Menschen besser informiert als ihre Politiker. Und als die Regierung 1977 Parlamentswahlen ausschrieb, spülten dieselben ungebildeten Wähler sie mit einer großen Welle aus dem Amt.

Aber sie wählten keine handlungsfähige Alternative. Indiens erstes Experiment mit einer Regierung, die nicht von der Kongreßpartei getragen war, scheiterte, und die Wähler wandten sich wieder Indira Gandhi zu. Weil sie sich der Loyalität ihrer Wähler nicht sicher war und mit dem Rücken zur Wand kämpfte, setzte sie die ordnungsgemäß gewählte Regierung des Panjab ab, und diese unkluge Entscheidung kostete sie schließlich das Leben.

Rajiv Gandhi wirkte zunächst wie die Verheißung einer neuen Politik. Er war ein freundlicher, harmloser junger Mann, der viel lächelte und sich sehr für Computer interessierte; er versprach, Indien von der Korruption zu befreien und ins 21. Jahrhundert zu führen. Er bekam sogar den Spitznamen »Indiens Saubermann«. Nach der Ermordung seiner Mutter schwamm er auf einer Welle des Mitgefühls und errang 1984 den größten Wahlsieg in der Geschichte des unabhängigen Indien.

In den achtziger Jahren verfügte Indien über elektronische Massenkommunikationsmittel. Immer noch herrschte ein empfindlicher Mangel an Trinkwasser, aber Satellitenschüsseln schlugen eine Brücke von der mittelalterlichen Kultur zum elektronischen Marktplatz, und die überwältigende Macht dieser neuen Form von Marktdurchdringung wurde dazu eingesetzt, ein einziges Produkt zu vermarkten: Rajiv Gandhi und die Verdienste seiner Regierung.

Live und in Farbe erlebten wir den Übergang ins Zeitalter der Disco-Demokratie. Mit Blick auf die nächsten Wahlen präsentierte der Premierminister wahrhaft wunderbare Allheilmittel für ein Land, das solche Probleme hatte wie Indien.

Amerikanische Präsidenten joggen. Und so wies der Premierminister von Indien seine Kabinettsmitglieder an, sich Jogginganzüge zu kaufen. Da das indische Kabinett in der Regel aus wohlbeleibten Parteibossen in mittleren Jahren besteht, bieten sie nicht gerade ein Bild physischer Attraktivität. Aber zumindest trugen die Herren bis dahin traditionelle Kleidungsstücke, die ihre Vorzüge unterstrichen und die weniger ästhetischen Züge diskret kaschierten. Nun sollten sie in grauen Jogginganzügen zum Titelsong aus dem Film *Die Stunde des Siegers,* den an Laternenpfählen befestigte Lautsprecher herausplärrten, hinter ihrem Premierminister hertraben. Sichtlich unglücklich drehten sie einige Runden durch die Hauptverkehrsstraßen von Delhi – das Fernsehen übertrug ihre schweißglänzenden Gesichter in das ganze Land.

Und die indische Bevölkerung fragte sich verwundert, warum die Männer, in deren Händen die Geschicke des Landes lagen, so sonderbar gekleidet waren. Und vor was rannten sie davon?

Schon früher hatte die Nation ein noch seltsameres Schauspiel miterlebt. Rajiv Gandhi beschloß, Mahatma Gandhis berühmten Salzmarsch zu wiederholen. Aber es wurde nur ein Salz-Spaziergang, denn er dauerte gerade so lange, wie die Fernsehkameras für ihre Aufnahmen brauchten. Und er war alles andere als gewaltlos. Den Premierminister begleitete eine von ihm selbst aufgestellte Sicherheitstruppe, die Black Cats, in schwarzen

Lederstiefeln, schwarzen Kombinationen und schicken schwarzen Baretten, bewaffnet mit halbautomatischen Gewehren. Ihnen folgten reguläre Sicherheitskräfte und Parteisoldaten, die laut ihren politischen Herrn und Meister priesen – dessen Regierung weiterhin Salz besteuerte wie vor ihr das britische Empire.

Die Szene zeigt, daß eine ganze Regierung an Marshall McLuhans Wort glaubte: Das Medium ist die Botschaft. Immerhin kann die Hälfte aller indischen Wähler nicht lesen und schreiben. Die Hälfte der indischen Wähler verdient nicht genug für eine Mahlzeit am Tag. Wie sollten sie unterscheiden können zwischen dem Medium, durch welches die Botschaft verbreitet wird, und dem Wahrheitsgehalt der Botschaft?

Aber fernsehgerechte Spektakel reichten nicht aus, um den massiven Wahlsieg zu wiederholen, den Rajiv Gandhi fünf Jahre zuvor errungen hatte. Die Menschen sahen, daß Indiens Saubermann an der Spitze einer beispiellosen korrupten Politik stand in einem Land, das schon jede Art von Käuflichkeit erlebt zu haben glaubte. Viele waren überzeugt, daß Rajiv und seine Frau bei Waffenkäufen von der schwedischen Firma Bofor hohe Schmiergelder kassiert und damit den indischen Fiskus um Millionen betrogen hatten. Gandhis eigener Finanzminister V. P. Singh trat angewidert zurück und kämpfte fortan gegen die Regierung.

Und Mahatma Gandhis pazifistischer Enkel ging in die Politik, um Rajiv Gandhi den Parlamentssitz streitig zu machen. Obwohl beide den Namen Gandhi trugen, waren sie in keiner Weise verwandt. Das stellte der Pazifist Ram Mohan Gandhi in einer Feuertaufe fest, die sein Namensvetter, der Premierminister, organisiert hatte: Seine Wahlhelfer wurden verprügelt, sein Wahlkampfmanager bekam sechs Kugeln in den Bauch, seine Wahlurnen wurden gekapert. Dann war Indien für jeden zu haben.

Bei dieser Wahl schien es um kein besonderes Thema zu gehen. Kein Ausnahmezustand, der beendet werden mußte. Keine zutiefst zerstrittene Koalition, die abgewählt werden mußte. Kein Mitgefühl für einen speziellen Politiker. Und was die Korruption betraf, so war Indien es leid, Zeuge der Habgier seiner Politiker zu sein. So stellten sich vor dieser neunten Parlamentswahl Politiker, Journalisten, Meinungsforscher und Kaffeesatzleser einhellig die gleiche Frage: Würde es erneut eine Welle geben?

Die Wähler ließen sich bis zum Wahltag nicht in die Karten schauen. Nun gut, nicht alle Wähler, manche rollten Transparente aus: *Gesucht! Parlamentsabgeordneter! Seit fünf Jahren verschwunden!*

Andere wurden noch deutlicher. Ein Minister reiste von Wahlkreis zu Wahlkreis, um Stimmen zu sammeln, zur Demonstration seines Status umgeben von schwerbewaffneten Sicherheitskräften und Fernsehcrews. In dem Bewußtsein, daß alle Kameras auf ihn gerichtet waren, hielt der Minister in einem Dorf an und winkte einen jungen Mann freundlich an den Sicherheitskräften vorbei zu sich heran. Der junge Mann, ein armer Bauer, hörte höflich zu, während der Minister eine lange Liste von Wahlversprechen herunterbetete.

»Und darum bitte ich um Ihre Unterstützung«, schloß der Minister mit einem selbstgewissen Lächeln. »Geben Sie mir Ihre Stimme.«

»Vor fünf Jahren habe ich Ihnen meine Stimme gegeben«, anwortete der junge Bauer und lächelte den Minister schüchtern an. »Aber Sie waren sehr beschäftigt und konnten nicht aus Delhi herkommen und sich ein Bild von unseren Problemen machen. So habe ich mir Geld geliehen und eine Fahrkarte gekauft und bin Hunderte von Kilometern bis zu Ihnen gefahren. Vor Ihrem Haus habe ich zu Ihren Wachen gesagt, ich würde warten, egal wie lange, bis ich mit Ihnen sprechen könnte. Schließlich waren Sie mein Abgeordneter. Sie hatten gesagt, daß ich mich jederzeit um Hilfe an Sie wenden könnte. Nach vielen Stunden ließen Sie mir schließlich eine Nachricht überbringen. Sie wollten mich nicht sehen. Und Ihre Wachen ohrfeigten mich, weil ich es gewagt hatte, Sie zu stören. Jetzt sind Sie hergekommen und haben mich um Hilfe gebeten. Und ich gebe Ihnen die gleiche Antwort.«

Vor der versammelten indischen Presse versetzte der junge Mann dem Minister eine schallende Ohrfeige und wagte es also wenigstens für einen kurzen Augenblick, Rechenschaft zu fordern, bis sich die Sicherheitskräfte des Ministers auf ihn stürzten.

»Die schiere Kraft der indischen Demokratie ist ein aufwühlendes Schauspiel«, schrieb der *Economist* über die Bekanntgabe der Wahlergebnisse.

»Der Durchschnittsinder verdient weniger als fünfundzwanzig Dollar im Monat und ist nach der statistischen Wahrscheinlichkeit Analphabet. Das hinderte die halbe Million Wähler indes nicht, es ihren politischen Herren zu zeigen – die sich zwischen zwei Wahlen gern aufspielen und sich an ihren Wählern bereichern – und ihnen ein NEIN nach dem anderen entgegenzuschleudern.«

Und was für ein NEIN sie sprachen. Mit der einzigen Ausnahme von Bengalen wurden alle regierenden Parteien im Zentralstaat und in den einzelnen Bundesstaaten entmachtet. Und die indischen Wähler gaben auf die Willkür einer rücksichtslosen Mehrheit eine klare Antwort: Keine Partei bekam eine Mehrheit.

In seiner ersten Rede vor dem neugewählten Parlament räumte der neue Premierminister V. P. Singh ein: »Das indische Volk hat uns gezwungen, die Vielschichtigkeit unseres Landes anzuerkennen. Die Wähler haben eine Situation geschaffen, in der die politischen Parteien zusammenarbeiten und im Konsens regieren müssen. Damit haben sie die Forderung erhoben, daß es in der indischen Politik künftig um Sachthemen und nicht um Personen gehen soll.«

Der Wunsch der indischen Wähler wurde erfüllt. Bei der nächsten Wahl ging es um das Thema Klassenkampf. Und bei der übernächsten um das Thema Religion. Jedesmal verweigerte das Volk denjenigen die Macht, die sich als die einzig rechtmäßigen Inhaber der Macht aufspielten, und legte sie in die Hand einer neuen Brut von Demagogen.

Zehn Jahre lang bekam keine Partei allein die Mehrheit. Doch während die Wähler ihren Unmut über die Machthaber ausdrückten, besetzten die unaufmerksamen indischen Politiker die Brückenköpfe der Macht und schwelgten in Grundstückspolitik.

Vor allem in Delhi war das der Fall, wo die Politiker regelmäßig palastartige Gebäude in Regierungsbesitz als Entschädigung dafür beanspruchen, daß sie einmal ein öffentliches Amt bekleidet haben. Selbst im Stadtzentrum wurden Straßen und Viertel umbenannt, obgleich es in den Stadtplanungsvorschriften ausdrücklich heißt: »Bestehende Straßennamen sollen nicht verändert werden. Die Umbenennung von Straßen schafft nicht nur Verwirrung bei den Postbediensteten und in der Öffentlichkeit, sie untergräbt darüber hinaus das geschichtliche Bewußtsein.«

Umgekehrt ermöglicht die Umbenennung von Straßen den Politikern, die Geschichte neu zu schreiben. So werden aus Regierungsgebäuden Familiendenkmäler; Monumente, Flughäfen, Parks werden umbenannt; öffentliche Gelder fließen in private Familienstiftungen; staatliche Institutionen werden als Versorgungseinrichtungen für die Verwandten eines Politikers mißbraucht. Rajiv Gandhi verwandelte phantasiereich sogar den Haushalt des Landes in ein Familiendenkmal: Subventionen für die Landwirtschaft sind nach Nehru benannt, Hilfsprojekte für die ärmsten Gruppen der indischen Gesellschaft nach Indira Gandhi, Projekte, die mit der Ausbildung und Beschäftigung junger Leute zu tun haben, nach Rajiv Gandhi – und so werden aus Steuergeldern der Staatsbürger großzügige Geschenke der Politiker.

Die großen Herren in Delhi führten diese Mode ein, und heute wimmelt es in jeder Stadt von Gebäuden und Plätzen, die den Namen irgend eines unbekannten, auf Unsterblichkeit versessenen Politikers tragen.

Doch während unsere Politiker sich selbst Denkmäler widmen, um der Vergänglichkeit zu entrinnen, hängt die Unvergänglichkeit des Landes vom Fortbestand des indischen Parlaments ab, das sein britischer Architekt als Kreis geschaffen hat, der alle widerstreitenden Bestrebungen umfassen soll.

Indien hat bereits zweimal Bedrohungen erlebt, die das Parlament gründlicher hätten zerstören können als eine Bombe: den politischen Totalitarismus, als die Demokratie außer Kraft gesetzt war, und den Bürgerkrieg, als religiöser Fanatismus schrankenlos wüten konnte.

Doch selbst als auf dem Höhepunkt der Unruhen im Panjab die Hindu- und Sikh-Bauern von ihren politischen Führern aufgefordert wurden, sich gegenseitig umzubringen, taten sie es nicht. Dank ihrer Zurückhaltung kehrte im Panjab schließlich wieder Frieden ein.

Und ein Richter an einem hohen Gericht, ein Mann, dessen Position und Gehalt von der Regierung abhingen, hatte den Mut, über die mächtigste Person in Indien zu verhandeln und die Premierministerin Indira Gandhi des Wahlbetrugs für schuldig zu befinden. Während des Prozesses wurde jede erdenkliche Form von Druck auf Richter Sinha ausgeübt, man bot ihm Geld und bedrohte ihn, aber Richter Sinha erinnerte die Premierministerin nur immer wieder an ihre Wahrheitspflicht und erklärte den Zuhörern im Gerichtssaal, die fast ausschließlich aus Sicherheitsbeamten und Speichelleckern bestanden, sie sollten nicht jedesmal aufspringen, wenn die Premierministerin den Zeugenstand betrete.

»In diesem Gerichtssal«, sagte er streng, »erheben Sie sich nur vor dem Gesetz.«

In den Jahren nach Richter Sinhas Urteilsspruch veränderte sich die indische Politik ganz allmählich durch den Druck der indischen Gesellschaft, und mittlerweile sind die ersten Folgen erkennbar.

Heute verurteilt der Oberste Gerichtshof Politiker aus allen Lagern und auf allen Ebenen wegen Korruption – Premierminister, Kabinettsmitglieder, Vorsitzende der größten politischen Parteien.

Heute hat die Wahlkommission der beliebten Praxis, kurz vor der Wahl Wahlgeschenke zu machen, endlich einen Riegel vorgeschoben, und die von der Regierung kontrollierten Medien dürfen nicht länger für Wahlpropaganda eingesetzt werden.

Heute haben die zweihundert Millionen Inder, die niedrigen Kasten angehören, eigene politische Parteien und sind in den übrigen Parteien eindrucksvoll vertreten.

Heute befolgen die politisch Verantwortlichen einen fundamentalen Grundsatz unserer Verfassung: Im politischen Prozeß darf es keine von religiösem Haß und Fanatismus gefärbte Rhetorik geben.

Ironischerweise hat Indien alle Probleme, mit denen andere Demokratien – viele von ihnen älter und reicher als Indien – zu kämpfen hatten, auch erlebt: Sektiererei, Diskriminierung, politisch motivierte Attentate, Bürgerkrieg, Koalitionskrisen, die mediale Vermarktung von Kandidaten, Separatismus, Korruption.

Es ist ein Wunder, daß die indische Demokratie sich so lange behauptet hat. Nicht nur Inder denken das. Im Leitartikel der Londoner *Financial Times* stand über die Parlamentswahlen von 1996 zu lesen: »Die indische Demokratie ist ein Weltwunder.«

Und ihr Hüter ist nicht die bei den Medien so beliebte Person des Politikers, sondern der gesichtslose, namenlose, alles überdauernde indische Wähler.

# *Teil IV*

# 26

# *Ankommen*

Je mehr Austausch Indien mit der Welt draußen pflegt, desto lauter wird in Indien und außerhalb von Indien gefragt, was unter Indien eigentlich zu verstehen sei. Eine Definition ist schwer zu bekommen, aber es gibt einige großartige Beschreibungen.

Ende des 19. Jahrhunderts reiste Mark Twain nach Indien, und er berichtete von dem rauschartigen Gefühl, das ihn erfüllte – und das ihn, wie er hoffte, niemals verlassen würde – als er es sah, »das Land der Träume und der Geschichten, des sagenhaften Reichtums und der sagenhaften Armut, des Glanzes und der Lumpen, der Paläste und Hütten, des Hungers und der Seuchen, der Geister, Riesen und Wunderlampen, der Tiger und Elefanten, der Kobra und des Dschungels, Heimat von hundert Völkern und hundert Sprachen, tausend Religionen und zwei Millionen Göttern, Wiege der menschlichen Rasse, Geburtsstätte der menschlichen Sprache, Mutter der Geschichte, Großmutter der Legende, Urgroßmutter der Tradition, dessen Gestern mit den allmählich entstehenden Altertümern der übrigen Welt zusammenfällt – das einzige Land unter der Sonne, das mit einem unauslöschlichen Interesse für fremde Fürsten und fremde Bauern begabt ist, für Gebildete und Unwissende, Weise und Dumme, Reiche und Arme, Leibeigene und Freie, das einzige Land, das *alle* Menschen sehen wollen, und, wenn sie es gesehen, nur einen kurzen Blick darauf geworfen haben, möchten sie diesen Blick nicht mehr eintauschen gegen alles, was die ganze Welt sonst noch zu bieten hat.«

Bescheidener hat sich Indien traditionell selbst als *Kharma Bhoomi* beschrieben, als das Land der Erfahrung, wo alles schon so oft geschehen ist, daß selbst die Geschichte nur noch einem störenden Echo in einem leeren Keller gleicht. Aber keine Erfahrung im Land der Erfahrung, nichts in all seinem Gestern, hat Indien auf eine Welt vorbereitet, in welcher der Glaube an die allumfassende Einheit des Lebens täglich, ja sogar stündlich mit den explosionsartig von außen hereinstürzenden Informationssplittern kollidiert.

Der Schriftsteller Alex Aronson kam 1945 zu dem Schluß, daß es niemals gelingen werde, eine Definition von Indien zu geben, denn Indien sei eine Kultur, und »eine Kultur ist immer ein Prozeß: nichts Seiendes, sondern etwas Werdendes.«

Ein halbes Jahrhundert später gilt seine Feststellung immer noch. Irgendwie hat Indien es geschafft, eine Kultur zu bleiben, immer noch unvorhersehbar, immer noch überraschend, sich jeder Definition entziehend. Es mag sein, daß Trägheit Indien schützt. Oder die traditionelle Begeisterung für die Vereinigung scheinbar unvereinbarer Dinge. Auf jeden Fall bleibt Indien in einer Welt beständiger Bewegung ein beständig Werdendes, ein weites, proteisches Meer menschlicher Improvisationskunst im großen Tanz der Zeit.

# 27
# *Lesen*

Sahib! Das Neueste von Plato, *Der Staat!* Und James Hadley Chase. P. G. Wodehouse. Wollen Sie den *Fänger im Roggen,* Sahib? Das *Mad*-Magazin? Alles gerade erst ausgepackt, Sahib. Oder probieren Sie wenigstens *Klein Dorrit* von Charles Dikkens.«

Lesen lernen in Indien bedeutete, daß einem die Freuden des Lesens von fliegenden Buchhändlern auf der Straße hinterhergerufen wurden, bevor man den ersten Buchstaben entziffern konnte. Dazu gehörte auch, daß man beobachtete, wie sich die Gesichter von Erwachsenen belebten, wenn sie sich über Bücher beugten, die auf fadenscheinigen Teppichstücken ausgelegt waren, während der Buchverkäufer zwei Bücher gegeneinander schlug, um sie von der dicken Staubschicht zu befreien, welche vorübereilende Fußgänger, Radfahrer und Autos hinterlassen hatten, und dann verschwörerisch flüsterte: *»Anna Karenina,* Sahib. *Madame Bovary*. Brandneue Bücher, Sahib, soeben eingetroffen. Glauben Sie mir, morgen sind sie alle ausverkauft.«

Sicherlich war Indien das einzige Land in der Welt, wo die Buchverkäufer auf die Trittbretter fahrender Züge sprangen, sich mit einer Hand an den eisernen Fensterstangen festhielten und mit der anderen Hand einen randvoll mit Büchern gefüllten Weidenkorb präsentierten und schmeichelten, ermunterten, bettelten, man solle doch lesen. Und sicher wurde nirgendwo sonst die Fähigkeit zu lesen gleichgesetzt mit dem Bedürfnis zu lesen.

In einem Land, wo das Analphabetentum so weit verbreitet ist, wird demjenigen, der lesen kann, ein an Ehrfurcht grenzender Respekt entgegengebracht. Dienstmädchen, die nicht lesen und schreiben konnten, achteten genau darauf, daß wir unseren

Weg durch den Dschungel des Alphabets fanden bis zu jenen langweiligen Büchern für Leseanfänger, in denen es immer nur darum ging, daß englische Schulkinder namens Jane und John unaufhörlich herumliefen und herumhüpften. Ihre Freude über unsere Leistungen wuchs, als wir besser lesen konnten und uns für die Geschichten, denen wir einst auf ihrem Schoß gelauscht hatten – Erzählungen über Götter und Kriegerkönige und falsche Asketen, die ihren Weg zur Unsterblichkeit erschwindelt hatten –, revanchieren konnten mit Geschichten aus unseren Büchern über wunderschöne schlafende Mädchen, Froschkönige und die außerordentlichen Abenteuer des Däumling. Sie öffneten uns die Welt der Phantasie, und diese Welt war für uns genauso greifbar wie die reale Welt um uns herum, so greifbar wie das nächste Buch, das darauf wartete, im Schein der Taschenlampe heimlich unter der Bettdecke gelesen zu werden. Und das Lesen wurde für uns zu einem so leidenschaftlichen Vergnügen, daß die Erwachsenen uns oft tadelten, wenn sie uns wieder einmal nicht von unseren Büchern weg an den Eßtisch oder in die Badewanne bekamen.

So widersprüchlich die Erwachsenen sich verhielten, wenn es um das Lesen ging, so eindeutig verlangten sie, daß wir Bücher respektvoll behandelten. Ein Buch zu verunstalten, war undenkbar. Ein Buch mit Füßen zu treten – ein Gefäß des Wissens und der Gedanken –, galt als ein Akt von so ungeheuerlicher Grobheit, daß er die Verachtung des ganzen Hauses hervorrief.

In der Kindheit gehörte das Lesen zu unseren größten Tröstungen, und es wurde zu einer Notwendigkeit, als wir in jungen Jahren in Internate geschickt wurden, während unsere Eltern für Indiens Unabhängigkeit kämpften. Wenn wir im abgedunkelten Schlafsaal lagen und der Monsunregen so heftig auf die Blechdächer niederprasselte, daß er beinahe unsere aus Heimweh vergossenen Tränen wegspülte, vergaßen wir unseren Kummer, wenn wir der Stimme des Lehrers lauschten, der Geschichten vorlas über das Pferd Harry und über die Bürger einer Stadt, die Glücksspiele spielten; oder über die Geschicke von Mrs. Bennetts Töchtern; oder von Mehitabel, die sich von ihrer

Küchenschabe mit den aufmunternden Worten verabschiedete: »Kopf hoch, Archie! Immer Kopf hoch!«

Wenn wir aus dem Internat nach Hause kamen, warteten schon Bücher als Geschenke auf uns. Weil andere diese Bücher gekauft und wir sie nicht selbst ausgewählt hatten, hatten sie immer ein wenig den Ruch von Pflichtaufgaben. Aber glücklicherweise gab es auch noch Verwandte, die, wenn sie unseren Eltern einen Morgenbesuch abstatteten, gelegentlich Rupienscheine um unsere Köpfe kreisen ließen, um den bösen Blick zu vertreiben, und uns das Geld dann in die Hand drückten. Mit diesem Geld konnten wir uns selbst Bücher kaufen, und für zwei gekaufte Bücher konnten wir dank der Leihbüchereien oft hundert andere lesen.

Freilich waren das keine Leihbüchereien wie in der Ersten Welt. Es waren geheime, fliegende indische Büchereien in grell bemalten Blechkisten, gerade groß genug, daß sie auf dem Gepäckträger der radfahrenden Buchhändler befestigt werden konnten, die normalerweise Regierungsangestellte waren und sich damit ein heimliches Zubrot verdienten. Ihre Standorte erfuhr man nur durch Flüsterpropaganda.

Unsere Lieblingsbücherei beanspruchte drei Stufen der schmiedeeisernen Feuerleiter hinter O. N. Mukherjees Emporium in Kalkutta. Mein westernbegeisterter älterer Bruder versicherte mir, nirgendwo auf der Welt gebe es eine solche Auswahl an Western. Für den Bruchteil einer Rupie und ein paar eingetauschte eigene Bücher durften wir so viele Bände von Louis L'Amour und Zane Grey ausleihen, wie wir verschlingen konnten. Oder Doppelbände von weniger bekannten Autoren, die auf der einen Seite das Bild eines Apachen zeigten und auf der anderen, wenn man das Buch um hundertachtzig Grad drehte, einen Cowboy zu Pferd mit schimmernden Revolvern. Manchmal fanden wir dank der eigenwilligen literarischen Gattungsbegriffe des Buchhändlers auch Jack London oder Stephen Crane unter den Western, und durch diese glücklichen Irrtümer gerieten wir an andere Schriftsteller großer Handlungsromane – Joseph Conrad, Alexandre Dumas, Leo Tolstoi.

Oder gegenüber dem chinesischen Schuhmacher tauchte plötzlich, wie durch ein Wunder, der Buchverleiher auf, der sich auf Kriminalgeschichten und russische Klassiker spezialisiert hatte. Letztere wurden von der Sowjetunion für den indischen Markt hoch subventioniert, und für uns gehörten bald die Bücher von Georges Simenon, Agatha Christie, Rex Stout untrennbar mit Tschechow, Dostojewski und Gorki zusammen.

Wenn das bedeutete, daß unser literarischer Geschmack von den Werken geprägt wurde, die aus den Secondhand-Buchhandlungen zu den Buchverleihern gelangten, dann bedeutete es gleichzeitig, daß uns kein literarischer Snobismus hemmte. Wir besaßen den unerschütterlichen Glauben, daß jedes Buch Wonnen für uns bereithielt und, wichtiger noch, daß kein Buch zu schwierig war.

Als einzige schmerzliche Einschränkung unseres Lesehungers empfanden wir das Fehlen einer Leihbücherei für Comics. Die Inhaber der Comic-Geschäfte mit ihren stahlharten Augen verlangten bedauerlicherweise, daß wir den vollen Preis bezahlten, bar auf den Tisch. Solcher Hartherzigkeit verdankten sie es, daß sie, anders als die fliegenden Händler, feste Läden besaßen – Holzschuppen, wo sie mit übereinandergeschlagenen Beinen auf weißen Tüchern auf dem Boden saßen und ihre kostbaren Schätze angrinsten. Wir zogen auf der Straße unsere Schuhe aus, gingen barfuß die zwei Stufen zu ihren Läden hinauf und betraten eine schöne neue Welt, bevölkert von Superman, Batman, dem geizigen Dagobert Duck, Archie und Veronica und Nyoka, dem Mädchen aus dem Dschungel. Und natürlich gab es dort auch die in Comics umgesetzten Literaturklassiker, deren Wert wir später, bei den Abschlußprüfungen an der Universität, zu schätzen lernten, denn dank der Comics hatten sich die Charaktere und Handlungen der großen abendländischen Romane mühelos und unauslöschlich in unser Gedächtnis eingegraben.

Als wir älter waren, suchten wir natürlich die großen Buchhandlungen auf, wie den Laden der Oxford University Press in der Park Street, der Hauptgeschäftsstraße von Kalkutta, gleich um die Ecke des Hauses, in dem Thomas Babington Macauly gewohnt hatte. Die beiden Gebäude lagen passenderweise so nahe beeinander: Macauly hatte als Mitglied des Obersten Rates der Kolonialverwaltung die britische Regierung davon überzeugt, daß es sinnvoll sei, wenn die Inder Englisch lernten, denn dann konnten sie für die britische Kolonialverwaltung Schreibdienste verrichten. Wir ließen das ohrenbetäubende Hupen und die erdrückende Schwüle der Park Street hinter uns und betraten die an eine Kathedrale erinnernde Buchhandlung mit den bis zur Decke reichenden verglasten Regalen aus glänzendem Mahagoni. Brillentragende Verkäufer kümmerten sich um die Kunden und sprachen so leise, daß sie neben dem summenden Geräusch der Klimaanlage kaum zu verstehen waren. Schüchtern fragten wir nach bestimmten Büchern.

In Delhi strichen wir zwischen den stuckverzierten Säulen des nach Lutyens' Plänen erbauten Connaught Place umher, auf der Suche nach Ramakrishna and Sons. Und dann entdeckten wir plötzlich, gut versteckt hinter den ausladenden Fassaden der Häuser aus der Kolonialzeit, einen kleinen Laden mit schwankenden Bücherstapeln bis zur Decke und einem Besitzer, der jedes Buch hatte, was wir suchten, und auch ganz genau wußte, in welchem Stapel es zu finden war. Oder wir statteten Fakir Chand auf dem Khan-Market-Platz einen Besuch ab, weil der bucklige Besitzer jedem, der in seinen Laden kam, einen Kugelschreiber oder Brieföffner mit Monogramm schenkte, egal, ob er ein Buch kaufte oder nicht.

In Bombay gab es hinter den massigen indo-sarazenischen Gebäuden der Universität den Strand Book Stall, wo College-Studenten besonders freundlich behandelt wurden und man jederzeit einen Kredit aushandeln konnte, während Werbeleute ihre Exemplare von *Catch 22* kauften.

In diesen Buchhandlungen traten wir ganz als Intellektuelle auf, warteten gespannt auf die vier neuen Penguin-Titel, die jeden Monat erschienen, betrachteten auf den Umschlägen anderer Penguin-Bücher Autorenfotos von Katherine Anne Porter, Vladimir Nabokov, Nancy Mitford und Evelyn Waugh. Manchmal ließen wir auch die orangefarbenen Penguin-Bände liegen und nahmen gelbe Paperbacks von Faber and Faber mit. Oder wir schnappten uns die herrlich bunten amerikanischen Ausgaben von Gertrude Stein, Kerouac, Capote, Nathaniel West, die man farblich so wunderbar passend zur Kleidung auswählen konnte.

Unsere Leidenschaft für das Bücherlesen war freilich nicht in solchen Tempeln der Erbauung und Gelehrsamkeit entstanden, sondern in den fliegenden Buchhandlungen und Leihbüchereien auf der Straße, die so hartnäckig die Überzeugung verbreiteten, daß es ohne Bücher keine Freude im Leben geben könne. Wenn wir in ein Restaurant gingen, mußten wir erst einmal minutenlang das vor dem Eingang ausgebreitete Bücherangebot betrachten. Genauso bei jedem Kinobesuch. Oder einem Krikket-Spiel. Oder wenn wir heimlich Zigaretten kauften. Die Bücher auf der Straße machten uns zu unersättlichen Leseratten.

Die gleiche Unersättlichkeit bestimmt mein Lesen heute noch, und wie in meiner Kindheit lese ich unterschiedslos alles. Man gebe mir eine Geschichte oder eine Biographie, und ich werde stundenlang über die Verhaltensweisen des Menschen nachsinnen. Oder einen zeitgenössischen Roman, damit ich mit dem »Zeitgeist« in Verbindung bleibe. Oder einen wunderschönen Klassiker, denn jedes Wiederlesen vergrößert die ursprüngliche Begeisterung für das Buch. Man gebe mir einen Gedichtband, der einen so zu erschüttern vermag, daß sich das einstellt, was Emily Dickinson »die Erstarrung der Glieder zu Eis« genannt hat und ein wesentliches Merkmal jedes süchtigen Lesers ist. Oder ein Buch über Naturwissenschaften oder Philosophie, denn wer weiß schon, wann man schlagartig die Chaostheorie oder Kierkegaard begreift? Und man gebe mir immer ein paar Kriminalromane für den Fall, daß mein Flugzeug Verspätung hat.

Ich bin süchtig, ich gestehe es. Ich bin süchtig nach Büchern seit der Zeit, als jene Magier der Straße wie Marktschreier hinter uns her riefen und uns von der kleinen Welt des Ich in das Universum der Phantasie lockten. Jene Buchverkäufer, die an jeder Ecke ihre Bücher neu aufstellten und uns mit ihren Sirenengesängen von Buchtiteln verführten.

# 28

## *Indisches Dekor*

Ein junger indischer Lanzenreiter aus dem Fürstentum Jodhpur, der beim Boxer-Aufstand gegen die Truppen der Kaiserinwitwe von China gekämpft hatte, unternahm zu Beginn unseres Jahrhunderts zur Erholung eine Reise durch Japan. Da er adliger Abstammung war, empfing ihn der Kaiser von Japan in seinem Palast in Kyoto.

Der Lanzenreiter war entsetzt, wie spartanisch der Herrscher auf dem Chrysanthementhron lebte.

»Bis auf einen bemalten Wandschirm ganz am Ende des Raumes war der Empfangssaal vollkommen LEER«, schrieb der Lanzenreiter in sein Tagebuch.

Dem britischen Indologen William Archer zufolge war ein solches Erschrecken für einen Inder eine ganz normale Reaktion. Archer schrieb über die indische Ästhetik, sie sei von »gargantuahaftem Überfluß« geprägt. Der Lanzenreiter hätte indes sehr wohl das hinter der Einrichtung des Kaiserpalastes stehende Zen-Prinzip erkennen können, denn »Zen« ist von dem Sanskrit-Wort »dhyan« abgeleitet, das »Bewußtheit« bedeutet. Doch die Betrachtung eines einzelnen Gegenstandes, durch die der Japaner Bewußtheit zu erlangen versucht, wird beim Inder zum Tunnelblick.

Dem Inder liegt es nicht, über den Glanz eines einzigen vollendeten Gefäßes nachzusinnen und dabei Ruhe zu finden. Wir sind erst zufrieden, wenn es sich um die Glasuren auf hundert verschiedenen Gefäßen handelt, mit hundert verschiedenen Stadien von Rissen. Gegenstände, die Menschen aus dem Westen auf dem Dachboden verstecken und in Momenten der wehmütigen Erinnerung an die Vergangenheit hervorholen, bauen wir Inder stolz um uns herum auf. Im Heim eines Inders hängt eine

Miniatur aus dem 16. Jahrhundert, gemalt von einem Meister am Hofe eines Mogulherrschers, ohne weiteres neben einem Foto, das den Hausherrn Seite an Seite mit einem drittrangigen britischen Beamten während der britischen Kolonialherrschaft zeigt, und beide verblassen gegenüber dem unheimlichen Farbspiel eines indischen Kalenders mit seinen Bildern von üppigen indischen Gottheiten oder Filmstars.

In dem Nebeneinander liegt der Reiz eines indischen Hauses, aber das bedeutet auch, daß es kein »Gesicht« hat und »nichts zum Ausdruck bringt«, denn einem indischen Heim fehlt der individuelle Charakter, der in Europa und Amerika zur Ästhetik gehört.

Ananda Coomaraswamy, der wichtige Werke über die indische Kultur geschrieben hat, geht mit der westlichen Ästhetik hart ins Gericht. Ästheten sind in seinen Augen dekadente Geschöpfe, nur zu einer passiven Reaktion fähig. In einem indischen Heim hingegen gebe es keine Passivität. Es wage in einer Welt zu existieren, in der Zeitalter und Kulturen mit solcher Gewalt aufeinanderprallen, daß das Heim selbst nur durch einen Willensakt bewahrt werde, durch das hartnäckige Festhalten an einer Vorstellung von Ordnung inmitten der Unordnung, durch den heldenhaften Glauben an die Form inmitten der Formlosigkeit.

Ich hörte einmal, wie eine französische Dame beim Rundgang durch den Palast eines ehemaligen Maharadschas bedauernd zu diesem sagte: »Es muß sehr traurig für Sie sein, das alles so zu sehen. Er war bestimmt wundervoll, als es noch in Ordnung war.« Der Maharadscha schaute sie verständnislos an – er wußte schlichtweg nicht, was sie meinte. Ein indisches Heim ist niemals »in Ordnung«, es ist in einem beständigen Prozeß von Zerfall und Wiederaufbau. Und diese Bewegung ist der entscheidende Unterschied zwischen dem Überfluß in Indien und dem Überfluß in der westlichen Welt.

Zunächst einmal ist Bewegung im Westen immer Bewegung nach oben. Ein höherer Status und mehr Geld ermöglichen und verlangen sichtbare Verbesserungen: Wohnungen, Gegenstände,

Möbel, Gemälde müssen immer raffinierter, immer exklusiver werden. Kurzum, sich von anderen zu unterscheiden, ist das Wesentliche. Die Inder hingegen haben wenig Geld. Sie können es sich nicht leisten, die Welt nach ihren Wünschen umzugestalten. Bewegung ist in Indien nicht wie in der westlichen Welt Bewegung nach oben, sondern eine Art amöbenhafter Mobilität, welche die individuelle Geschichte ebenso umfaßt wie die Geschichte einer Kultur, die Dinge absorbiert, weil sie es sich nicht leisten kann, sie wegzuwerfen. Oder die wartet, bis sie zerfallen.

Das Heim des Inders ist weder sein Schloß noch eine von seinem Innenarchitekten gestaltete Bühne. Aus Notwendigkeit ist es ein organisches Ganzes. Indienreisende kennen die Räume mit den hohen Decken und den eisernen Ringen aus einem früheren Jahrhundert, an denen einst schwere Vorhänge hingen, die mittels dicker Seile von kleinen Jungen im Nebenzimmer auf- und abgezogen wurden, um die heiße Sommerluft ein wenig zu bewegen. Heute befindet sich zwischen den Ringen ein Ventilator mit großen Flügeln aus Holz, und unter den Flügeln nistet eine Spatzenfamilie – denn dank einer dröhnenden Klimaanlage, die ziemlich schräg unter einem Fenster prangt, sind sowohl die Ringe als auch der Ventilator seit langem überflüssig.

Wenn das indische Heim überhaupt eine Ästhetik besitzt, dann ist es die Ästhetik des Chaos. Diese gibt ihm die Möglichkeit, regionale Einflüsse, die auf ihre Weise so weit voneinander entfernt sind wie Spanien und Skandinavien, miteinander in Einklang zu bringen sowie europäische Einflüsse aus der langen Zeit der britischen Kolonialherrschaft und islamische Einflüsse aus acht Jahrhunderten muslimischer Herrschaft zu integrieren. Der durchschnittliche indische Bungalow zum Beispiel hat in der Regel eine Veranda mit Säulen: Früher zeigte die Zahl der Säulen vor einem hinduistischen Heim an, wie bedeutend der Besitzer war. Nun ja, früher verhielt es sich so, bis die Briten die Vorliebe für griechische und römische Säulen nach Indien importierten. Nun verschmelzen in einem durchschnittlichen Bungalow europäische Dekoration und hinduistische Tradition zu stuckverzierten Säulen, die ein Dach tragen, an dem die traditionelle indische Schaukel befestigt ist, die vor schmiedeeisernen Gartenmöbeln im europäischen Landhausstil hin und her schwingt. Über dem Eingang im pseudo-palladianischen Stil hängt eine glückbringende Girlande aus heiligen Basilikumblättern und Ringelblumen, und auf dem unindischen Architrav steht in unsicherem Gleichgewicht ein Bildnis des elefantenköpfigen Schutzgottes Ganesha.

Im Innern des Hauses liegen – sofern es Winter ist – wollene und seidene Teppiche mit persischen Mustern auf den baumwollenen Durries, die im Frühling verwendet und während der Sommerhitze weggeräumt werden, damit die Stein- und Marmorfußböden ein wenig Kühlung spenden. Der Fußboden spielt eine große Rolle in einer Kultur, in der es üblich ist, daß man vor dem Betreten eines Raumes die Schuhe auszieht. Auf den Teppichen finden sich die unterschiedlichsten Möbel: dick mit Polstern belegte Podeste, auf denen sich die Inder für gewöhnlich ausruhten, viktorianische Sofas, Stühle, auf denen einst kerzengerade die Engländer saßen, und Sitzgelegenheiten im Jugendstil und Art Deco aus der Zeit, als die Inder Tango tanzten.

Abgeschlossene Gänge und ummauerte Höfe zeugen von der Absonderung der Frauen im Islam, und im Speisezimmer – einer britischen Errungenschaft – stehen auf silbernen und kupfernen Platten einzelne von den hinduistischen Kastenregeln vorgeschriebene Speisegefäße einträchtig neben den verschiedensten Schüsseln und Tellern aus europäischem Porzellan.

Im Laufe der Zeit wurden den Indern Architektur und Gebrauchsgegenstände aus fremden Welten durch regelmäßigen Umgang vertraut. Besitztümer werden in Indien nicht ausgestellt, sie stehen oder liegen eher zufällig herum, bis sie gebraucht werden – jedes ein stummer Beweis dafür, daß etwas auf der Strecke bleibt, wenn eine so unwiderstehliche Kraft wie das Leben auf einen unbeweglichen Gegenstand trifft. In Indien ist es meistens der gute Geschmack, der auf der Strecke bleibt.

So hat es gar keinen Zweck, einen Inder zu fragen: »Was

macht der Kühlschrank da an dieser Marmorwand mit Intarsien aus Karneol und Lapislazuli?«

Der Inder wird den Besucher anschauen, als hege er ernste Zweifel an dessen Zurechnungsfähigkeit, und antworten: »Er hält das Wasser kalt.«

Indiens größter Filmemacher, Satyajit Ray, hat die Widersprüche sehr schön zusammengefaßt. Er sagte einmal, die Inder hätten eine unendliche Toleranz für den Verfall. In unseren Heimen finden sich Dinge von atemberaubender Schönheit Seite an Seite mit Dingen von ebenso atemberaubender Scheußlichkeit. Während die friedliche Koexistenz von so viel Unverträglichkeit den Besucher in Verzweiflung stürzt, berührt sie die Inder allem Anschein nach wenig. Vielleicht hängt das damit zusammen, daß der Inder sein Heim in erster Linie als einen Ort zum Wohnen ansieht und nicht als ein Kunstwerk. Die Kunst, soweit es sie in Indien gibt, liegt für den Inder in der Lebensweise.

# 29

## *Filmemachen*

*I*n dem Jahr, als Indien unabhängig wurde, wirkte der Filmemacher Saryajit Ray an der Gründung der Filmgesellschaft von Kalkutta mit. Später feierte er Kalkutta, das viele Menschen nur mit Bettlern und entsetzlichen schwarzen Löchern assoziieren, als Mahanagar, die Große Stadt.

Für Ray war es ganz und gar nicht leicht, seine filmischen Gedichte über die gequälten Menschen in der Großen Stadt zu drehen. Politiker erhoben Einspruch, als seine Filme vom Zensor überprüft wurden.

»Er malt ein zu negatives Bild von unserem Land«, lautete der Vorwurf. »Die Welt wird denken, bei uns gebe es nichts anderes als Armut.«

Die Politiker hätten sich keine Sorgen machen müssen. Die Welt interessierte sich nicht für Rays Filme. Filmverleiher im Westen fanden sie zu langweilig, indische Filmverleiher lehnten sie ab mit der Begründung: »Wenn die Menschen ins Kino gehen, wollen sie ihre Probleme vergessen. Wer will schon die Wirklichkeit auf der Leinwand sehen?«

Dank der Tatsache, daß das indische Kinopublikum die Wirklichkeit nicht sehen wollte, entstand in Indien eine der größten Filmindustrien der Welt, hauptsächlich konzentriert in Bombay, das sich selbst mit ehrfürchtiger Scheu Bollywood nennt. Und Bollywood ermöglicht dem Kinopublikum die Flucht vor der Realität in allen Formen – von religiösen Epen über gefühlvolle Melodramen und Action-Filme, die als »Curry-Western« bekannt geworden sind, bis zu Geistergeschichten, alle mit Musik- und Tanzeinlagen, die in der kommerziellen indischen Filmproduktion eine große Rolle spielen.

Doch in den hundert Jahren ihrer Existenz hat sich die Branche, die ihr Handwerk bei den Lumière-Brüdern persönlich erlernte, als die beiden Erfinder des Kinematographen um die Jahrhundertwende Indien bereisten, genausoviel mit der Realität beschäftigt wie mit der Phantasie. Als erste indische Spielfilme wurden von Dadasaheb Phalke ein Film über das Leben des Gottes Krishna (1913) und ein Film über die Legende von Krishna (1918) gezeigt. Sie sollten das Publikum in sprachloses Erstaunen versetzen angesichts der wundersam bewegten Bilder, welche die Realität aufheben konnten, so daß die Zuschauer sahen, wie der Gott hoch über die menschlichen Wesen hinwegflog. Es war ein Stummfilm, und damit überwand er die Schranken zwischen Indiens vielen Sprachen. Da die Mythologie allen Indern vertraut war, konnte sich der Filmemacher ganz auf die Magie des neuen Mediums konzentrieren und die Zuschauer für dessen Möglichkeiten begeistern.

Die allen vertraute Mythologie war eine unerläßliche Bedingung für das Wachstum unserer Filmindustrie. Jemand sagte einmal über die indischen Filme, sie seien auf Zelluloid gebanntes traditionelles Theater. Im Film wie auf der Bühne gibt es ein vertrautes Arsenal von Charaktertypen, Musik- und Tanzeinlagen sowie Fabeln, die Komisches und Tragisches vermischen. Dank dieser Struktur ist der Film bis in die entlegensten Winkel des Landes vorgedrungen, denn das fremdartige Medium transportierte eine vertraute Botschaft.

In den zwanziger und dreißiger Jahren drehten einige indische Regisseure aufwendige Spektakel, bisweilen mit europäischen Schauspielern und an europäischen Drehorten. Andere Regisseure hingegen, mißtrauisch beobachtet von den Bürokraten der britischen Kolonialverwaltung, nutzten die Erzählweise von Volksstücken und auf den ersten Blick harmlose Themen wie das Leben des großen heiligen Sängers Meera-bai oder des Heldenkönigs Prithiv Raj und drehten kaum verhüllte politische Allegorien für ein vom nationalistischen Feuer ergriffenes Publikum.

Als Indien unabhängig wurde, gelang es Regisseuren, die sich mit so wenig einträglichen Themen wie dem Geldverleihen und der Armut der indischen Bauern befaßten, machtvolle Filmkommentare zur sozialen Realität im Land wie *Mutter Indien* und *Do Bigha Zameen* zu Kassenschlagern bei uns wie im Ausland zu machen. Gleichzeitig entstanden populäre Komödien und Melodramen, für die einige der talentiertesten Musiker und Sänger Indiens Filmmusiken schrieben und aufnahmen; die Schauspieler imitierten nur die Mundbewegungen. Die Tanzeinlagen in den Filmen wurden notgedrungen ein bißchen zweideutiger. Die Choreographen mußten sich einen Ausgleich dafür einfallen lassen, daß die Puritaner des neuen Indien anordneten, in indischen Filmen dürfe nicht geküßt werden. Unsere Filmzensoren hatten es offiziell bestätigt: Küssen war unindisch.

Seit den späten sechziger Jahren wurde Indien von Schwarzgeld überschwemmt, und riesige illegale Vermögen flossen in die Filmindustrie – ein bequemer Weg zur Geldwäsche. Mit dem Geld kam die neue Vulgarität. Die Stars, die dafür sorgten, daß die Kinokassen klingelten, verdienten ungeheure Summen an der Steuer vorbei. Oft spielten sie in drei oder vier Filmen gleichzeitig und eilten mit immer größer werdendem Gefolge von einem Drehort zum nächsten. Es war die Hochzeit der Curry-Western, der Superstars, der luxuriösen Drehorte. Tanzszenen begannen in den Tälern von Kaschmir, auf einmal tauchte der Eiffel-Turm oder der Trevi-Brunnen auf, und vor dieser Kulisse sanken sich Held und Heldin endlich in die Arme. In einer höchst denkwürdigen Tanzszene spielten allerdings nur die Tasten einer roten Schreibmaschine eine Rolle.

Zu Beginn der achtziger Jahre machten unsere Filme ungeniert Anleihen bei amerikanischen Fernsehserien und wetteiferten darin, die Attribute des Reichtums zur Schau zu stellen. Es war nicht länger falsch, jung, schön und verwestlicht zu sein und einen miesen Charakter zu haben. Die Frauen trugen Röcke und mit Münzen besetzte Kleider, die Männer Lederjacken. Die Stars verbrachten immer mehr Zeit auf Motorrädern, in Helikoptern und Rennbooten und immer weniger Zeit auf dem Land, wo achtzig Prozent ihrer Zuschauer lebten. Erfolg oder Mißerfolg eines Films hing davon ab, wie vielsagend die

Tanzszenen waren, und wir alle sehnten uns nach der Zeit, als ein Kuß einfach nur ein Kuß gewesen war, ohne daß dabei zwei vollständig bekleidete Menschen unterschiedlichen Geschlechts Hüften und Brüste wie Kolben in einem Motor auf und ab bewegten. Im Parlament registrierte man kaum, daß in indischen Filmen wieder geküßt wurde. Die politisch Verantwortlichen des Landes waren damit beschäftigt, das Tanzen unter Kontrolle zu bekommen.

In diesen zwei Jahrzehnten überbrückte eine neue Generation von Regisseuren mit Unterstützung der neugeschaffenen staatlichen Filmförderung die Kluft zwischen den Phantasiewelten des Kommerzkinos und der Realität des indischen Alltagslebens. Eine Gruppe junger Filmemacher in Kerala wollte indes ohne staatliche Unterstützung und ihre unvermeidliche Begleiterscheinung, staatliche Einmischung, auskommen. Damit standen sie vor dem Problem, daß sie aus eigener Kraft die allem Anschein nach riesenhaften Summen für Filmmaterial, Schauspieler, Kameras, Kameraleute, Licht- und Tontechniker, Kostüme, Drehorte, Werkstätten und Schneideräume ausgeben mußten.

Wochenlang diskutierten sie, wie sie ihre Filmprojekte am besten finanzieren könnten. Schließlich hatten sie die Idee, auf den Dörfern Filme gegen eine kleine Gebühr vorzuführen. Sie mieteten einen Transporter und einen Filmprojektor und verbreiteten in den Dörfern von Kerala die Nachricht, daß sie Filme zeigen und dafür eine nominelle Gebühr von einer Rupie verlangen würden, das entsprach drei Cents. Die Menschen waren begeistert, ganze Dörfer strömten auf den Reisfeldern zu dem großen Ereignis zusammen. Das Kino kam zu ihnen und überdies zu einem Preis, den wirklich jeder aufbringen konnte.

»Wie lange haben Sie gebraucht, um das Geld für Ihren Film zusammenzubekommen?« fragte ich den Regisseur Adoor Gopalakrishanan auf einem Filmfestival, bei dem auch seine Arbeit gezeigt wurde.

»Ungefähr eineinhalb Jahre.«

»Nicht länger? Haben Sie damit gerechnet, daß es so schnell gehen würde?«

»Wir hielten unsere Kosten niedrig und haben Filme von den Filmgesellschaften ausgeliehen.«

»Was für Filme haben Sie den einfachen Menschen auf den Dörfern gezeigt?«

»Eisenstein und de Sica. Resnais. Pabst. Kurosawa.«

Wir wußten beide, daß die meisten seiner Zuschauer nie in einer Stadt gewesen waren, geschweige denn jemals Bilder von der Welt draußen gesehen hatten. Und nun hatten sie dagesessen und sich diese überlangen Filmklassiker in Schwarzweiß angeschaut.

»Hat den Dorfbewohnern etwas davon gefallen?«

»Natürlich. Warum auch nicht? Die Menschen aus einem indischen Dorf verstehen die Handlung der *Sieben Samurai* besser als Sie oder ich. *Fahrraddiebe* hat ihnen auch gefallen. Nur *Hiroshima Mon Amour* ist nicht gut angekommen. Da gab es nur Pfiffe und Buhrufe.«

*Hiroshima Mon Amour.* Ich versuchte mir vorzustellen, wie der französische Weltschmerz auf einem offenen Feld vorgeführt wurde, wo es meilenweit keinen Strom gab, ringsherum muhende Kühe und bellende Hunde, und ein ganzes Dorf als Publikum.

»Haben sie einen Film besonders gern gesehen?«

»Eisensteins *Panzerkreuzer Potemkin* haben wir immer wieder vorgeführt. Wenn Sie mich fragen, ich finde, die Menschen auf den Dörfern haben einen besseren Geschmack als die Leute hier bei diesem Filmfestival.«

Seine Geschichte erinnerte mich an ein Erlebnis von Louis Malle, als er in Kalkutta filmte. Malle war auf die Idee gekommen, eine Reihe von Dokumentarfilmen über Indien zu drehen, nachdem er Rossellinis Film über Indien aus den fünfziger Jahren gesehen hatte. Einer meiner Freunde, Santi Choudhary, der viele Jahre lang mit Satyajit Ray zusammengearbeitet hatte und inzwischen eine eigene Produktionsgesellschaft besaß, begleitete Louis Malle.

Eines Tages wurden die Dreharbeiten durch eine große Protestdemonstration gegen die Regierung aufgehalten. Die Atmosphäre war emotionsgeladen, man rechnete damit, daß der Demonstrationszug auf über eine halbe Million Protestierer anwachsen würde. Die Polizei ließ über Radio die Nachricht verbreiten, die Menschen sollten möglichst zu Hause bleiben und nicht zur Arbeit gehen, sich überhaupt nur in dringenden Fällen vor die Tür wagen. Louis Malle wollte das Ereignis unbedingt im Film festhalten und drängte Santi, ihn zum Maidan zu bringen, dem großen Zentralpark in Kalkutta, wo die Protestkundgebung stattfinden sollte.

Santi warnte Malle, die Menschen würden feindselig auf Kameras und Mikrophone reagieren, aber Malle ließ sich von seinem Vorhaben nicht abbringen. Irgendwie schaffte es Santi, den Transporter durch das Gedränge zum Maidan zu manövrieren. Wie er vorausgesagt hatte, stürmte sofort ein aufgeregter Verkehrspolizist wild gestikulierend auf sie zu, als er sah, wie gebräunte Franzosen in Safarianzügen mit ihrer Filmausrüstung aus dem Transporter kletterten.

»Fahren Sie weiter! Bitte weg hier! Großer Streik! Gefährlich! Schlecht für Ausländer!«

Santi schwang sich aus dem Transporter und flüsterte dem Polizisten verschwörerisch ins Ohr: »Können wir nicht hierbleiben? Das ist der große französische Filmemacher Louis Malle.«

Der plumpe Trick funktionierte besser als erwartet. Der Verkehrspolizist klatschte begeistert in die Hände. »Louis Malle? Wirklich Louis Malle? Ich habe alle seine Filme gesehen und alles über ihn gelesen in den *Cahiers du cinéma.* Bitte übersetzen Sie. Fragen Sie ihn, was er von Jean-Luc Godard hält.«

Santi erzählte später, er habe sich gefragt, wie der Polizist es wohl fertiggebracht hatte, die *Cahiers du cinéma* zu lesen, wenn seine Englischkenntnisse für eine direkte Frage an Louis Malle nicht ausreichten. Diese Bibel aller Cineasten erschien nur auf Französisch. Der Polizist verdiente vielleicht vierzig Dollar im Monat, aber wie er Santi erzählte, hatte er irgendwie genug Geld zusammengekratzt, um Mitglied der Filmgesellschaft von Kalkutta zu werden. Und nun stand er mitten im Verkehrschaos einer Demonstration in Kalkutta – nach den Berichten der internationalen Presse war es eine äußerst explosive Situation – und diskutierte mit einem französischen Regisseur glücklich über Details des neuen französischen Films.

Aber Kalkutta ist nun einmal – das hat Satyajit Ray der Welt in seinen Filmen gezeigt – Mahanagar, die Große Stadt, und die Menschen dort schaffen es, unter den schwierigsten Bedingungen zu träumen. Und wie das Beispiel des Verkehrspolizisten deutlich macht, kommen die Träume nicht notwendigerweise aus den Phantasiefabriken von Bollywood.

Vielleicht war das der Grund für ihre Reaktion, als der Nachrichtensprecher im Radio mit tränenerstickter Stimme die Nachricht verlas, daß Satyajit Ray nach langer Krankheit gestorben war. Die Menschen strömten aus ihren Häusern. Büros schlossen. Die Verwaltung kam zum Erliegen, weil alle Bediensteten ihre Schreibtische verließen.

Zeit seines Lebens hatte Ray, dieser Gigant des Kinos, um Geld für seinen nächsten Film betteln müssen. In seiner gesamten vierzigjährigen Karriere hatte das Geld so gut wie nie ausgereicht, um eine Szene mehr als zweimal zu drehen, egal wie schwierig sie war, und er mußte jedes Bild sorgfältig mit der Hand zeichnen, damit er immer nur eine einzige Einstellung zu drehen brauchte. Er komponierte seine Musik selbst, schrieb die Dialoge, bereitete den Szenenaufbau vor, führte Regie und schnitt die Muster von Filmen wie *Mahanagar – Die Große Stadt,* der Trilogie *Apus Weg ins Leben, Charulata – Die einsame Frau, Das Musikzimmer.* Seine Filme wurden auf Festivals rund um den Globus vorgeführt, und er galt als Meister seines Metiers. Aber die Filmverleiher und Geldgeber in Indien blieben unerbittlich. »Ihre Filme werden nur Verluste einspielen. Wir wollen Filme, die den Menschen die Gelegenheit geben, für ein paar Stunden der Mühsal ihres Lebens zu entfliehen.«

Bevor Ray von der Regierung seines eigenen Landes geehrt wurde, erhielt er Ehrungen überall im Ausland. Und selbst als er schon todkrank im Krankenhaus lag, verlieh ihm der französische Staatspräsident einen Orden der Ehrenlegion, und Hollywood, nicht Bollywood, zeichnete ihn für seine Lebensleistung aus.

Doch die indischen Verleihfirmen sahen in seinen Filmen nur Verlustgeschäfte, weil sich angeblich zu wenig Menschen dafür interessierten. Sie behaupteten, sie kennten ihr Kinopublikum. Kannten sie es wirklich? Auf die Nachricht von Satyajit Rays Tod gingen in Kalkutta in einer spontanen Trauerkundgebung sechshunderttausend Menschen auf die Straße und erwiesen seinem Leichnam auf dem Weg zur Kremation schweigend die letzte Ehre.

Hat irgendwo auf der Welt das Publikum irgendeinen Filmemacher je so geehrt?

# 30

# *Kommunikation*

An einem Sonntagmorgen im Jahr 1996 blätterte ich eine indische Sonntagszeitung durch und stieß zufällig auf ein Spiegelbild des modernen Indien. Auf der Titelseite fanden sich folgende Berichte:

Eine Telekommunikationsgesellschaft hatte soeben ihre Verhandlungen abgeschlossen und konnte nun allen Indern, die einen Computer besaßen, eine Zugangsmöglichkeit zu den Datenautobahnen von zweihundertdreißig Ländern anbieten. Das war sehr praktisch, denn die Inder hatten soeben die Vorzüge des Internet bei der Heiratsvermittlung entdeckt.

Jetzt erschienen Heiratsanzeigen nicht mehr nur in indischen Sonntagszeitungen, sondern Menschen überall auf der Welt konnten auf Anzeigen wie die folgenden reagieren:

*Bauunternehmer mit Regierungsaufträgen sucht hellhäutiges, schönes Mädchen mit guter Figur aus gebildetem Hause. Werdegang sollte übereinstimmen.*

Oder: *Assistenzprofessor sucht passende Braut. Baldige schickliche Heirat.*

Oder: *Im Ausland ausgebildeter Architekt wünscht Verbindung mit schlanker, hellhäutiger, charmanter, bescheidener, sanfter, guterzogener, anpassungsfähiger, Sitar spielender, freundlicher, humorvoller, gebildeter, ehrlicher, zuverlässiger Braut mit makelloser Vergangenheit und guten Englischkenntnissen, bevorzugt Architektin oder Bauingenieurin.*

Zum Glück für seine zukünftige Braut hatte dieser anspruchsvolle Bräutigam hinzugesetzt: *Religion, Kaste, Glauben kein Hindernis.* Im Laufe der letzten Jahre haben sich die Heiratswünsche dramatisch verändert. In immer weniger Anzeigen wird gleiche Kaste oder gleiche Religion verlangt oder Wert darauf gelegt, daß es die erste Ehe ist. Bei beiden Geschlechtern stehen allem

Anschein nach Ausbildung und Beruf an erster Stelle der Anforderungen. Sehr viele Heiratsanzeigen werden von Absolventen einer westlichen Hochschule aufgegeben, die im Ausland leben. Mittlerweile sind die Spalten der Heiratsanzeigen in den Zeitungen nach Berufsgruppen unterteilt: Ärzte, Öffentlicher Dienst, Wirtschaft/Bankwesen, Inder mit Wohnsitz im Ausland, Ausländer. Häufig findet man Anzeigen wie die folgende:

*Gesucht: Schöne junge Vegetarierin mit medizinischem Beruf von charmantem, gutaussehendem Radiologen. Keine Hindernisse.*

Oder: *Weißer Amerikaner, 35 Jahre alt, offen, ehrlich, sucht indische Ehefrau.*

Oder: *Mehrfach ausgezeichneter, gutaussehender Hauptmann der Armee aus guter Familie sucht im Kloster erzogene Ehefrau, bevorzugt Ärztin in der Armee. Kaste, Witwe kein Hindernis.*

Besonders auffallend ist die Bereitschaft, eine Witwe zu heiraten. Denn in der nächsten Spalte der Sonntagszeitung stand ein Artikel über Sati – die grauenvolle Sitte, daß eine Hindu-Witwe sich nach dem Tod ihres Mannes in die Flammen seines Scheiterhaufens wirft und bei lebendigem Leib verbrennt.

Obwohl es in Indien seit fast zweihundert Jahren verboten ist, Sati zu begehen, hatte im westindischen Bundesstaat Rajasthan 1987 eine Achtzehnjährige, die nach nur acht Monaten Ehe Witwe geworden war, Selbstmord begangen, indem sie sich im Beisein des gesamten Dorfes und Tausender Zuschauer, die eigens aus den umliegenden Dörfern gekommen waren, auf dem Scheiterhaufen ihres Ehemannes verbrannte. Die lokalen Behörden hatten tatenlos zugesehen und das damit begründet, daß sie den Vorfall nicht hätten verhindern können.

»Sie war nun einmal eine Rajput«, sagten sie.

Tatsächlich war es bei den Rajput-Frauen Tradition, daß die Witwen sich auf den Scheiterhaufen ihrer Ehemänner verbrannten, vor allem nach einer verlorenen Schlacht, wenn die Gefahr bestand, daß sie die Beute der Sieger werden würden. Die Frauen, die Sati begingen, wurden als Heilige verehrt, ihre Grabstätten wurden Pilgerstätten, meist für Frauen, die sich verzweifelt wünschten, ihren Ehemännern endlich Söhne schenken zu können. Der Scheiterhaufen, auf dem sich die junge Frau im Bundesstaat Rajasthan verbrannt hatte, war denn auch direkt neben den Grabstätten dreier Frauen aus dem Dorf errichtet worden, die früher Sati begangen hatten.

Die Behörden hofften mit übertriebenem Optimismus, die traurige Sache mit dieser modernen Sati werde über die umliegenden Dörfer hinaus nicht an die Öffentlichkeit dringen. Doch die Nachricht, daß es eine neue Heilige gab, verbreitete sich wie ein Lauffeuer und zog Heerscharen von Pilgern an, die kühlende Getränke, Andenken, etwas zu essen, Blumengirlanden und Weihrauch verlangten, um sie dort niederzulegen, wo die Witwe sich verbrannt hatte. Sie wollten Geschichten aus ihrem Leben hören von Menschen, die sie gekannt hatten, als sie noch eine normale Sterbliche gewesen war, und Geschichten von Wundern, die sich zugetragen hatten, seit sie unsterblich geworden war.

Lokale Politikergrößen eilten in das Dorf zu publicityträchtigen Auftritten. Einige sagten, solche heldenhaften Taten symbolisierten all das, was die Rajput-Frauen so weit über ihre indischen Schwestern erhebe. Andere verlangten, die Familienangehörigen der Frau und die Zuschauer aus den Dörfern müßten wegen Beihilfe zum Mord vor Gericht gestellt werden.

Journalisten und Frauenrechtlerinnen kamen aus ganz Indien in das kleine Dorf in Kerala. »Glaubt ihr wirklich, daß sie freiwillig Sati begangen hat?« riefen die Frauen. »Und selbst wenn sie es freiwillig tat, war sie ein junges Mädchen, das nur den Grausamkeiten entgehen wollte, die Witwen auf dem Lande heute immer noch angetan werden. Sie werden gezwungen, sich die Köpfe zu scheren, und sind wie Sklavinnen auf die Almosen ihrer Verwandten angewiesen.«

Ich wußte, was sie meinten. Einmal hatte ich in einem Zugabteil neben mehreren jungen Frauen mit kahlgeschorenen Köpfen gesessen, ihre kurzen, einstmals weißen, jetzt vom Kohlestaub der Lokomotive grauen Saris ließen Schultern und Unterschenkel bloß. Mit ihren langen, verwundbaren Hälsen sahen diese jungen Witwen vom Lande wie Kinder aus. Sie fuhren nach Benares, um dort ihre Blöße mit Schultertüchern aus Baumwolle zu bedecken, auf die das Gebet *Hari Krishna Hari Ram* aufgedruckt war. Die Verse rezitierten sie dann unablässig für ihre toten Ehemänner, während sie bettelnd durch die Straßen zogen, bis sie irgendwann vor Hunger starben.

Unterdessen stellten die Journalisten ihre Fragen: Wurde die junge Frau gezwungen, sich zu verbrennen, weil die Familie ihres Ehemannes habgierig war und sich eine zusätzliche Einnahmequelle erschließen wollte? Steckte womöglich das ganze Dorf unter einer Decke? Würden andere Frauen aus dem Dorf gezwungen werden, ebenfalls Sati zu begehen?

Eine Reporterin erzählte mir später von einem Interview mit den Frauen im Dorf. »Ich war ziemlich erstaunt. Auf meine Frage, ob eine von ihnen ebenfalls Sati begehen würde, antworteten sie einhellig: ›Nur wenn unsere Ehemänner bereit wären, sich auf unseren Scheiterhaufen zu verbrennen, falls wir zuerst sterben sollten.‹«

Die ganze Nation schaute auf die lokalen Behörden, und diese gerieten schließlich in Panik. Sie stoppten den Bau eines Tempels und untersagten den Dorfbewohnern, weiterhin Profit aus dem Tod der jungen Frau zu schlagen.

Der Vorfall lag mittlerweile fast zehn Jahre zurück, und ein engagierter junger Reporter war noch einmal in das Dorf gereist, um zu sehen, wie sich die Dinge im Laufe der langen Zeit entwickelt hatten. Er beobachtete, daß die Menschen weiterhin Blumen an der Stelle der Selbstverbrennung niederlegten, und wenn er in einem Lokal mit Dorfbewohnern sprach, erzählten sie ihm Geschichten über Wunder, die angeblich die Sati vollbracht hatte. Über den Hütten des Dorfes ragten schwankende Fernsehantennen empor. Dieser Anblick entsetzte den Journalisten besonders. Er kam zu dem Schluß, daß eine alte, grausame Sitte das Dorf ins Medienzeitalter katapultiert hatte und daß die Dorfbewohner dank des unverhofften Geldsegens nun an den Errungenschaften des Medienzeitalters teilhatten.

Zwischen den beiden Artikeln über den Zugang zu den internationalen Datenautobahnen und die Selbstverbrennung der jungen Witwe war ein junger Mann mit Ohrringen und schulterlangem Haar abgebildet.

In dem Begleitartikel stand zu lesen, daß ein junger indischer Rockstar aus London in der Stadt eingetroffen sei und daß die Musik, die er vor vollbesetzten Sälen spielte, eine Mischung aus westlichen und östlichen Klängen namens Indi-Pop sei. Auf dem Foto sah er aus wie ein Indianerkrieger im Amerika des 19. Jahrhunderts. Doch in dem Artikel hieß es weiter, er sei bereits ein Indi-Pop-Star – oder war es ein Raga-Rap-Star? – und trage den Namen Indischer Apache. Die Ohrringe, die sein dunkelbraunes Gesicht mit den klaren Zügen einrahmten, glichen jenen, die viele indische Bauern noch heute tragen. Vielleicht hätte er Bhangra-Rock spielen sollen, jenes andere indische Musikgemisch, in dem sich die Trommelschläge eines Erntedanktanzes aus dem Norden des Landes mit den stampfenden Rhythmen des Rock'n Roll verbanden.

Wie auch immer, um seine Kleidung brauchte er sich jedenfalls keine Gedanken zu machen. Die jungen Mädchen, die zu seiner Musik tanzten, mischten in ihrer Kleidung ebenfalls Ost und West – Saris und Miniröcke, Fußketten und Doc-Martens-Schuhe, *salwar kameezes* und abgewetzte Levis-Jeans – und genossen für kurze Zeit das Gefühl von Freiheit, bevor die Einschränkungen der indischen Gesellschaftsordnung über ihr Leben hereinbrachen.

Ein Lied, das bei diesem Publikum besonders gut ankam, hatte den vielsagenden indischen Titel »Arrangierte Heirat«.

# 31

## *Bäume*

Bevor in Indien ein junger Mann und ein junges Mädchen einander versprochen werden, stellen die Priester der Familie ein Horoskop, um zu sehen, ob die beiden zueinander passen. »Passen« bedeutet in diesem Fall viel mehr als nur, ob sie füreinander die Richtigen sind. Die indischen Priester interessiert es überhaupt nicht, ob Darby seine Joan findet oder Abälard seine Heloïse. Sie untersuchen die umfassendere Bedeutung der Verbindung.

»Wird dieses Mädchen«, fragen die Eltern des Bräutigams ihre Priester, »uns Glück bringen, wenn es in unsere Familie heiratet? Wird sie unseren Reichtum mehren, oder wird sie einen Schatten auf unser Haus werfen, vielleicht das Leben ihrer Schwiegermutter verkürzen oder Krankheit über ihren Schwiegervater bringen?«

Wenn das Horoskop des Mädchens nur den geringsten Hinweis enthält, daß so etwas geschehen könnte, schütteln die Priester den Kopf und eröffnen den potentiellen Schwiegereltern: »Es ist sehr traurig, aber ihr habt eine *manglik* als Ehefrau für euren Sohn ausgewählt.«

Zum Glück für die *manglik* ist sie nicht von einem unabwendbaren Schicksal zu einem Leben als frustrierte alte Jungfer verdammt. Denn es gibt eine Lösung für ihr Problem: Sie muß zuerst jemand anderen heiraten und ihr Unglück auf diesen Ehepartner übertragen. Danach ist sie rein und kann den vorgesehenen Bräutigam heiraten in dem sicheren Wissen, daß sie nichts als Glück über sein Haus bringen wird.

Aber welcher Mann ist so edel, daß er das unglückliche Mädchen als erster heiratet und den Einfluß einer schlechten Sternenkonstellation auf sich nimmt, nur um sie dann, wenn sie rein geworden ist, in die Arme eines anderen Mannes zu entlassen? Jedem Besucher Indiens sind gewiß schon einmal Bäume aufgefallen mit verwelkten Blumengirlanden an den Ästen. Solche Girlanden sind für einen Bräutigam bestimmt. Die *manglik* schmückt den Baum als ihren Bräutigam und wird mit ihm in einer Heiratszeremonie verheiratet, die sich in nichts von der Heirat mit einem lebendigen Menschen unterscheidet – so reinigt sie sich von dem Unglück, das ihr Schicksal ist. Natürlich geht das auch umgekehrt: Wenn der Bräutigam ein *manglik* ist, heiratet er als erste Ehefrau einen Baum.

Der Gedanke, daß Bäume das Schlechte auf sich nehmen, ist so alt wie Indien selbst. Die Frommen glauben bis heute, daß Bäume alles sind, was von der heiligen Soma-Pflanze, der Nahrung der Götter, auf Erden übrig geblieben ist. Im Atharvaveda, der tausend Jahre vor Christi Geburt entstand, finden wir folgendes Gebet:

> Sünde, Unreinheit,
> was immer wir an Bösem getan haben,
> mit deinen Blättern wischen wir es ab.

Insofern ist es nicht verwunderlich, daß der Baum in Indien als heilig gilt und der Wald als *tirth*, als ein Ort, zu dem die Menschen pilgern, da er genauso heilig ist wie ein Tempel.

Für die indischen Künstler hat der Baum eine noch größere Bedeutung. Sie glauben, daß der Baum den Menschen die Kunst geschenkt hat. Die Puranas, die Aufzeichnungen der ältesten indischen Legenden, erzählen die Geschichte folgendermaßen: Die Götter stritten miteinander, und Vac, die Heilige Rede, floh vor den lästernden Göttern und versteckte sich im Wasser. Voller Rachedurst verfolgten die Götter sie, und das Wasser war so verängstigt, daß es sie verriet. Daraufhin floh die Heilige Rede aus dem Wasser und suchte Schutz in einem Wald. Wieder verlangten die Götter ihre Herausgabe, aber die Bäume weigerten sich, sie den boshaften Göttern auszuliefern. Statt dessen legten die Bäume Vac, die Rede, in die Hände der Menschen in Gestalt von Gaben aus Holz: Flöte, Trommel, Laute, Stift. Mit diesen Gaben sollten die Menschen von der Schöpfung berichten.

Auch in der indischen Philosophie spielt der Baum eine Rolle. Für die Philosophen des alten Indien war der Wald das Symbol eines idealisierten Kosmos. Die großen philosophischen Gemeinschaften Indiens kamen in baumbestandenen Hainen zusammen – der Wald ist selbstgenügsam, regeneriert sich beständig selbst, und damit verbinden sich im Wald die Vielfalt und die Harmonie, die Ziel und Streben der indischen Metaphysik sind. Nicht zufällig kommen die großen Werke des indischen Wissens aus dem Wald: die Puranas, die Veden, die Upanishaden, die großen Epen *Mahabharata* und *Ramayana*, die Sutras der Yogis und die medizinischen Schriften des Ayurveda.

Eine solche Verehrung des Waldes hat natürlich Auswirkungen auf die Stadt. Entsprechend der Geometrie der indischen Philosophie war das Herz einer indischen Stadt ein baumbestandener Hain, von dem die Straßen wie Äste eines Baumes ausgingen – so wird der Stadtbewohner beständig daran erinnert, daß der Mensch nur ein Teil eines riesigen lebenden Organismus ist. Und wenn die Stadtbewohner ihre Pflichten gegenüber dem materiellen Leben der Stadt erfüllt hatten – Heirat, Kinder, Regierung, Krieg, Handel, Vergnügen –, zogen sie sich in den Wald zurück, um ihr Leben in Kontemplation und Meditation zu beschließen. Die Bäume spendeten die für solche Besinnung nötige Ruhe.

Wiederum ist es kein Zufall, daß Buddha und Mahavira, die Stifter der beiden großen indischen Religionen Buddhismus und Jainismus, der Legende nach nicht auf der Straße nach irgendeinem Damaskus erleuchtet wurden, sondern unter einem Baum.

Der indische Träger des Literaturnobelpreises, Rabindranath Tagore, versuchte in seinem Buch *Tapovan* die für Indien so wesentliche Wald-Kultur zu erklären:

»Es ist ein charakteristisches Merkmal der indischen Kultur, daß sie die Quelle ihrer materiellen und geistigen Regeneration im Wald findet und nicht in der Stadt. Indiens größte Gedanken entstanden im Austausch von Mensch und Wald. Indische Denker waren vom Leben des Waldes umgeben und damit verbunden, und die innige Beziehung zwischen dem menschlichen Leben und dem Leben der Natur wurde zur Quelle ihrer Erkenntnis.«

Es ist, als hätte Indien über Tausende von Jahren hinweg einen Mantel der Bewahrung um sich herum gewebt, und die Fäden sind Ethik, Kunst, Philosophie, Religion, Mythologie. Vor allem Mythologie.

Bäume tauchen in der Mythologie so oft auf – als Schatten- und Schutzspender für das Göttliche –, daß sie selbst heilig geworden sind. Die Göttin Meenakshi wohnt im Wald von Madurai, einem zweifach geheiligten Hain, denn dort spielte auch Gott Krishna mit den Hirtinnen, die ihn anbeteten. In Kanchi erschien einmal der Gott Shiva, der Erschaffer und Zerstörer der Welten, einem weisen Mann, der unter einem Mangobaum saß. Künftig pilgerten die Menschen zu jenem Mangohain, und alle Mangobäume gelten seither als heilig.

In ganz Indien werden Bäume als Inkarnationen der Göttin verehrt. Die Göttinnen Bamani, Rupeshwari, Vandurga zeigen sich den Menschen in Gestalt der Bäume Saal, Deodar und Banyan. Von der Göttin Aranyani, der Göttin des Waldes, handelt ein ganzer Textkorpus, bekannt als Aranyani Sankriti was man übersetzen könnte mit »die Kultur des Waldes«.

Jene Kultur wurde von den Ureinwohnern Indiens begründet, und deren Nachfahren leben immer noch danach. Im Indien der Stammeskulturen wurde der Baum als die Erdmutter verehrt, nicht nur weil Bäume Nahrung, Lufthauch, Beschäftigung, Material für Hausbau, Viehfutter und Brennstoff spenden, sondern weil es ohne den Baum weder Erde noch Wasser gäbe – nichts, was verhindern würde, daß erstere weggewaschen wird und letzteres verdunstet. In den großen Siedlungsgebieten der indischen Stämme – der Heimat der Bhils, der Santal, der Nagas, der Bishnoi – wird bei der Geburt eines Kindes im Namen des Kindes ein Baum gepflanzt. Die Beziehung zwischen dem Kind und dem Baum ist enger als die zwischen dem Kind und der

Familie, denn der Baum gehört ganz allein dem Kind. Gepflanzt werden langsam wachsende Bäume, und wenn das Kind ins Erwachsenenalter eintritt, trägt der Baum das erste Mal Früchte. Damit beginnt für den Baum das Leben als Nahrungsspender des jungen Stammesangehörigen, und für diesen das Leben als Hüter des Baumes.

Der Wald ist daher Indiens wichtigste Metapher für die Schöpfung, er wird als Symbol einer nie nachlassenden Fruchtbarkeit verehrt. In der indischen bildenden Kunst gibt es zahllose Darstellungen des Lebensbaumes, und in der indischen Literatur ist der Baum das Modell des Kosmos.

In Anbetracht dieser Verehrung und Anbetung, der großen Rolle, die Bäume in der bildenden Kunst, der Literatur und der Philosophie spielen, kann man es eigentlich kaum glauben, daß die Inder es zuließen, daß die britischen Kolonialherren im Verlaufe des letzten Jahrhunderts die Hälfte aller Bäume im Land für den Eisenbahnbau und den Bergbau fällten und daß die Inder dann selbst im Laufe der letzten dreißig Jahre die Hälfte der verbleibenden Hälfte geschlagen haben.

In den hinduistischen Schriften heißt es, wir lebten in Kali-Yuga, dem Zeitalter des Bösen, der Ära der Verderbtheit. Und das für unsere Zeit charakteristische Böse sei die Geschwindigkeit. Doch selbst in einer solchen Zeit sind die Zahlen, die Auskunft geben, in welchem Tempo die Bewaldung des Subkontinents verschwindet, ein schockierender Beweis dafür, wie rasch unsere Moral verfällt.

Noch 1950 bedeckten Tausende Quadratkilometer dichten jungfräulichen Dschungels die langgezogene Bergkette des nepalesischen Himalaya. Man schätzt, daß davon bis zum Ende des Jahrtausends kein einziger Baum mehr übrig sein wird, wenn weiterhin Bäume aus wirtschaftlichen Gründen im bisherigen Umfang gefällt werden.

Holzeinschlag und Steinbrüche haben die Bewaldung des indischen Himalaya genauso zerstört. Wir wissen, welche Auswirkungen dies auf die Monsunregen hat, die Leben und Tod auf dem Subkontinent bestimmen, und doch sehen wir ungerührt zu, wie die Abholzung der Wälder des Himalaya zu einem alljährlichen Kreislauf von Überflutung und Dürre führt und dabei Zigtausende von Menschen heimatlos werden und verhungern. Dieser Kreislauf beschleunigt sich immer mehr, weil unsere Gletscher schmelzen, der Mutterboden fortgespült wird und das Wasser verdunstet, denn es ist kein Boden mehr da, der das Wasser aufnehmen könnte.

Alljährlich beobachten wir, welchen Preis unsere Gleichgültigkeit in Bangladesch fordert, wenn reißende Flüsse mit solcher Regelmäßigkeit die Reisfelder überschwemmen, daß es für die Welt bereits zur Gewohnheit geworden ist zu hören, wieder einmal hätten eine halbe Million Menschen ihr Land, die Quelle ihres Lebensunterhalts, vielleicht auch ihr Leben verloren.

Es scheint, daß die Menschen auf dem Subkontinent den Zusammenhang von Ursache und Wirkung nicht mehr erkennen, seit der Verbrauch von Bäumen an die Stelle der Verehrung von Bäumen getreten ist.

Vielleicht hatten die Weisen eine Vorahnung des zukünftigen Indien, als sie im alten Indien unter den Bäumen saßen und die Puranas rezitierten. Die Legende berichtet, daß die plündernd umherziehenden Götter erzürnt waren, weil der Wald sich weigerte, ihnen die Heilige Rede auszuliefern und sie statt dessen den Menschen in Gestalt von Instrumenten für Musik und Literatur schenkte. In ihrem Zorn schleuderten die Götter einen schrecklichen Fluch über alle Bäume:

»Weil ihr in hölzernen Instrumenten Geheiligtes den Menschen gegeben habt, sollen die Menschen gleichfalls mit Instrumenten aus eurem Körper, mit Äxten, die hölzerne Griffe haben, wie Donnerschläge über euch kommen und euch fällen.«

Vor fast dreihundert Jahren starben Männer und Frauen aus dem Stamme der Bishnoi bei dem Versuch, den Fluch zu brechen. Die Religion der Bishnoi verbietet, einen Baum im Saft zu fällen und verlangt den absoluten Schutz des Khejari, des Schatten und Tierfutter spendenden Baumes, der in ihrer Heimat wächst. Darum ist ihr Land heute immer noch fruchtbar, während alle Felder ringsherum bereits die Wüste Thar von

Rajasthan erobert hat. Immer wieder im Laufe der Jahrhunderte gaben Angehörige des Stammes der Bishnoi ihr Leben, um ihre Bäume zu schützen. Am häufigsten erzählt wird die Geschichte von Amrita Devi, einer Frau aus einem Bishnoi-Dorf im Fürstentum Jodhpur.

Amrita Devi war wie alle anderen Angehörigen ihres Stammes dazu erzogen worden, die Bäume rund um das Dorf zu lieben und zu pflegen. Eines Tages kamen die Baumfäller des Fürsten von Jodhpur mit ihren Äxten, weil sie Holz brauchten für die Kalkbrennöfen des Fürsten. Amrita Devi stellte sich den Männern in den Weg und bat sie, die Bäume zu verschonen. Sie erklärte ihnen, welche Rolle Bäume im Glauben der Bishnoi spielen. Die Baumfäller des Fürsten blieben ungerührt. Als sie ihre Äxte erhoben, schlang Amrita Devi die Arme um den Baum, der als erster fallen sollte. Die Äxte der fürstlichen Baumfäller spalteten ihren Körper, und während sie verblutete, flüsterte sie die Worte, die zum Schlachtruf ihres Stammes wurden: »Ein abgeschlagenes Haupt ist leichter zu ersetzen als ein abgeschlagener Baum.«

Danach nahm Amrita Devis Tochter den Platz ihrer zerstükkelten Mutter ein. Sie wurde ebenfalls getötet und nach ihr auch ihre jüngere Schwester, die, sterbend, den Schutz des Baumes der dritten, jüngsten Schwester übertrug. Auch die jüngste Schwester gab für den Baum ihr Leben. An jenem Tag strömten unbewaffnete Männer, Frauen und Kinder aus achtzig umliegenden Bishnoi-Dörfern in Amrita Devis Dorf zusammen, um die Bäume zu schützen, aber die Holzfäller des Königs arbeiteten ungerührt weiter und schlugen die Bäume wie deren Beschützer entzwei. Bei Einbruch der Nacht lagen vierhundert Stammesangehörige aus neunundvierzig verschiedenen Dörfern niedergemetzelt da. Wie Amrita Devi und ihre Töchter starben ganze Familien bei der Verteidigung des Khejari-Waldes.

Alljährlich findet ein Jahrmarkt zum Gedenken an die Toten aus Amrita Devis Dorf statt. Und regelmäßiger Besucher des Jahrmarkts ist ein Mann namens Sunderlal Bahuguna, von vielen Indern als »der Mahatma der indischen Wälder« verehrt. Er sagt, der Jahrmarkt sei »der eine wichtige Ort, zu dem ich pilgere« – denn die Art und Weise, wie die Bishnoi versuchten, ihre Bäume zu schützen, hat er für seine Chipko-Bewegung übernommen, um zu retten, was vom Himalaya-Wald noch zu retten ist.

Das Wort »chipko« bedeutet »an etwas festhalten«, und überall im Himalaya versuchen Dorfbewohner und Naturschützer, Studenten und Volksdichter die Abholzung der indischen Wälder zu verhindern, indem sie sich schützend vor die Bäume stellen, die zu kommerziellen Zwecken gefällt werden sollen. Die Chipko-Bewegung pflanzt auch Bäume und kämpft dafür, die Monokulturen schnell wachsender Bäume wie Eukalyptus und Kiefer, die der Zellstoffindustrie Rohstoffe liefern, aber wertlos sind für den Boden und die Menschen, die davon leben, durch große, langsam wachsende Bäume und Mischwälder zu ersetzen, die so wichtig sind für die indische Wirtschaft und das ökologische Gleichgewicht.

Die Chipko-Bewegung hat sich mittlerweile vom Himalaya bis nach Südindien ausgebreitet. Vor zehn Jahren zogen dort Bauern – Männer und Frauen gemeinsam – zu einer staatlichen Baumschule, rissen Eukalyptus-Setzlinge aus dem Boden und pflanzten statt dessen Tamarinde und Mango. Mit ihrer Aktion wollten sie die Regierung daran erinnern, daß Tamarinde und Mango, nicht Eukalyptus-Bäume, den Boden festhalten und deshalb für das Überleben der Menschen unerläßlich sind. Natürlich wurden die Bauern ins Gefängnis geworfen, und in den indischen Zeitungen erschienen weiterhin ganzseitige Werbeanzeigen für solche staatlichen Baumschulen. Ganz zufällig wurden sie auch noch von progressiven Mitarbeitern der Weltbank unterstützt, die die Inder drängten, in Eukalyptus zu investieren.

»Das Geld wächst auf den Bäumen!« gellte es aus den Anzeigen.

»Erntet grünes Gold!«

Manchmal war von Bäumen gar nicht mehr die Rede, nur noch von Geld.

»Auch Sie können Riesenprofite machen!«

Die Leiter solcher staatlicher Baumschulen hätten genausowenig wie die Verantwortlichen der Weltbank jenen Test für eine gute Regierung bestanden, von dem in einer Sage des in Bengalen und Orissa beheimateten Stammes der Santal berichtet wird:

Es war einmal ein König, der besaß viele Wasserbecken, und rund um die Wasserbecken pflanzte er Bäume: Mangos, Bodhibäume, Palmen, Banyanbäume. Die Banyanbäume wurden größer als alle anderen. Jeden Tag spazierte der König nach seinem Bad herum und schaute sich die Bäume an. Und eines Morgens, als er wieder zwischen den Bäumen herumging, sah er, wie ein junges Mädchen auf einen Banyanbaum zulief und hinaufkletterte. Kaum hatte sie einen sicheren Platz in seinen Ästen erreicht, da wurde der Baum in den Himmel emporgehoben. Am Abend kehrte der König noch einmal an dieselbe Stelle zurück, und siehe da, der Banyanbaum stand wieder an seinem Platz.

Das Schauspiel wiederholte sich drei oder vier Tage hintereinander. Der König erzählte niemandem, was er beobachtet hatte, aber eines Morgens kletterte er, bevor das Mädchen erschien, selbst auf den Banyanbaum. Kurz darauf kam sie auch, und der König wurde mit ihr zusammen in den Himmel gehoben.

Im Himmel stieg das Mädchen von dem Baum herab, schritt zu einer Gruppe himmlischer Hirtinnen und tanzte mit ihnen. Als der König das sah, kletterte er ebenfalls von dem Baum herunter und tanzte mit den Mädchen. Über dem Tanzen vergaß er vollkommen die Zeit. Schließlich riß er sich los und blickte sich suchend um – der Banyanbaum war verschwunden. Und so mußte der König im Himmel bleiben.

Er wanderte ein wenig herum, und bald stieß er auf eine Gruppe von Männern, die in großer Eile an einem Palast bauten. Er fragte die Männer, für wen der Palast bestimmt sei, und sie antworteten: »Für dich. Denn du bist ein guter Herrscher und pflanzest Bäume für deine Untertanen, so werden sie etwas zu essen haben und Schutz finden, auch wenn du schon lange nicht mehr bei ihnen bist.« Auf einmal war der Banyanbaum wieder da. Der König kletterte hinauf und wurde sicher zur Erde zurückgebracht.

Von nun an suchte der König den Banyanbaum jeden Tag auf, und als er bemerkte, daß der Baum nicht verdorrte – obgleich er mit seinen Wurzeln in den Himmel emporgehoben worden war –, schloß er, daß das, was er gesehen hatte, wirklich so geschehen war. Er begann sich auf den Tod vorzubereiten. Den Höflingen gab er keine Antwort, als sie ihn fragten, warum er all seinen Reichtum an seine Untertanen verschenke. Wenige Tage darauf starb er, und er wurde in den Palast gebracht, an dem er die Männer im Himmel hatte bauen sehen.

»Denn bei uns Santal heißt es, daß die Bäume, um die du dich in diesem Leben gekümmert hast, dir Ehre in der nächsten und allen danach kommenden Welten bringen werden.«

Ich muß den Santal recht geben. Einen Baum zu pflanzen bringt tatsächlich Ehre – auch den Politikern, die mit festgefrorenem Lächeln im Gesicht einen Baum setzen, während surrende Kameras ihre anstrengende Tat für die Welt festhalten. Als Inderin weiß ich gleichwohl, daß in dem Akt mehr als Ehre liegt.

Für uns ist der Schutz der Bäume in kultureller wie in ökologischer Hinsicht eine Überlebensfrage. Die Wälder Indiens waren Wiege, Hochschule, Kloster, Bibliothek der indischen Kultur. Die Bäume haben uns das Bild einer Welt vermittelt, in der Mensch und Natur wechselseitig voneinander abhängig sind. Indem wir unsere ursprüngliche Liebe zu Bäumen für eine westliche Kultur aufgaben, die den Menschen zum Beherrscher und Konsumenten von Natur gemacht hat, indem wir die Wälder erst für die Landwirtschaft und dann für die Industrie abholzten, tauschten wir unsere Fähigkeit, die Wechselbeziehung zwischen lebendigen Wesen zu begreifen, gegen eine ausschließlich lineare und profitorientierte Sicht der Welt.

Um wirklich zu verstehen, was eine solche Sichtweise für die Welt bedeutet, brauchen wir nur auf den Warnruf der Astronauten zu hören, die den Globus umkreist haben: Sie berichten uns, daß sie die Erde aus dem Weltraum nicht mehr sehen könnten.

Unser Planet liege verborgen hinter einer Rauchwolke, die sich von Sibirien bis Brasilien ausdehne, und der Rauch steige von den Scheiterhaufen unserer großen Wälder auf.

Indien nannte sich traditionell voller Stolz Kharma Bhoomi – das Land der Erfahrung – und tat andere Länder als bloße Verbraucherstaaten ab. In der Tat mangelt es Indien von den Sagen der Ureinwohner bis zu den monumentalen Werken, den großen Säulen der indischen Kultur, nicht an Erfahrungen, die der Welt helfen könnten, eine Balance zu finden zwischen der Technologie des Menschen und der Erde, auf der er sie einsetzt.

Doch wenn der Fluch der Puranas wirksam wird und die Inder weiterhin – wie Donnerschläge – ihre Bäume fällen, dann werden wir als Volk immer mehr unsere Wurzeln verlieren. Wir werden uns im wörtlichen Sinn selbst unsere Wurzeln abschlagen, indem wir unsere Bäume abholzen.

# 32

## *Das Liebeslied Indiens*

Im zwölften Jahrhundert ersann der Dichter Jayadeva Indiens schönstes Liebeslied. Er sang es draußen vor dem Tempel des Jagannath in der heiligen Stadt Puri, so daß vorübergehende Fremde, denen das Betreten des Tempels verboten war, auch von den Begegnungen und Enttäuschungen, den Trennungen und Vereinigungen hören konnten, die im *Gita Govinda* geschildert werden.

Der Jagannath-Tempel ist einer der heiligsten Pilgerorte in Indien, denn er ist die Heimstatt der letzten guten Inkarnation des Gottes Vishnu. Wenn diese Epoche vorüber ist, wird Vishnu sich als Kali inkarnieren und die Welt zerstören. Die Priester des Jagannath, die im Besitz eines so wertvollen Schatzes sind, zählen zu den strengsten in ganz Indien. Nur Hindus aus den höheren Kasten dürfen den Tempel betreten. Doch Krishna, eine frühere Inkarnation von Vishnu, wird nicht durch die Kastenzugehörigkeit erlangt, sondern durch *bhakti,* die ekstatische Liebe der Gläubigen, die hoffen, mit dem Namen des Gottes auf den Lippen zu sterben. Wenn das Götterbild in einer Prozession durch die Straßen von Puri gefahren wird, schieben sich die Menschen im Gedränge vorwärts, weil jeder das Bildnis berühren will, und schon mancher Gläubige ist unter den unaufhaltsamen riesigen Holzrädern des Wagens mit dem Götterbild zu Tode gekommen. Der Wagen ist als das Wort »juggernaut«, Schwerlastwagen, ins Englische eingegangen.

Jayadeva stand vor dem Jagannath-Tempel, so daß alle ihn hören konnten, und sang von der Hirtin Radha und ihrer Bewunderung für einen wunderschönen jungen Kuhhirten mit dunkler Gesichtsfarbe und vollkommener Gestalt, der auf seiner Flöte betörende Musik spielte und alle Hirtinnen verführte. Er steigerte Radhas Verlangen immer mehr und brach ihr damit das Herz. Der Kuhhirte ist niemand anderer als der göttliche Krishna, und in Jayadevas Lied von Gott beschreiben erotische Bilder von atemberaubender Sinnlichkeit, wie Radha Krishna liebt.

Vor dem Jagannath-Tempel erinnert eine Steinplatte im Boden an den Augenblick, als Hindus aus niedrigen Kasten, Muslime, Buddhisten und Jainisten, die den Tempel nicht betreten durften, Jayadeva von Radhas Verlangen nach dem ungetreuen Krishna in den herrlichsten Versen singen hörten, die jemals gedichtet wurden. Sie hörten Radhas sehnsüchtige Bitte, ihr Begleiter möge diesen Gott finden, der mit Spuren von den Umarmungen anderer Frauen am Körper an ihr Bett getreten sei, und sie hörten den Refrain von Radhas schamlosem Flehen: »Oh mein Freund, mach, daß er sich zu mir legt und mich liebt.«

Sie hörten von Radhas sexuellem Verlangen, das sie von zu Hause forttrieb, wie sie durch den gefährlichen nächtlichen Dschungel wanderte in der Hoffnung auf ein Stelldichein mit dem Gott, der einfach nicht kommen wollte, wie sie wartete, fiebernd vor Sehnsucht und vor Angst, und wie er schließlich doch erschien mit Spuren vom Henna und Sandelholz anderer Frauen an seinem Körper, wie er sich schließlich zu ihr legte und sie bei seiner Berührung erzitterte.

Jeder, der Jayadeva lauschte, wurde von seiner Ekstase berauscht, auch der Herrscher von Puri, der traditionell Tempeltänzerinnen dafür bezahlte, daß sie im Tempelbezirk rituelle Tänze vollführten und sangen. Nun war der Herrscher ganz verzaubert von Jayadevas Gesang, und er verfügte, daß die Tempelmädchen jeden Tag im Morgengrauen und in der Abenddämmerung das *Gita Govinda* sangen. Der Gott sollte mit diesem göttlichen Lied geweckt werden, und es sollten die letzten Klänge sein, die er vor dem Schlafen hörte.

Das leidenschaftliche Liebeslied verbreitete sich wie ein Lauffeuer durch Indien und fügte der Krishna-Mythologie eine neue Dimension hinzu. In der indischen Geschichte gibt es unzählige *bhakti*-Bewegungen, Wellen spiritueller Ekstase, die über religiöse und soziale Schranken hinweggehen und jede Gruppierung der indischen Gesellschaft in die Umarmung einer alles umfassenden Leidenschaft treiben. Dichter und Sänger, die sich in ihren ekstatischen Gesängen verlieren, haben über die Jahrhunderte hinweg Millionen mobilisiert, so daß die sozialen Schranken überwunden wurden und die Ausgrenzung von Menschen aufhörte. Aber nirgendwo hat *bhakti* so vollkommenen Ausdruck gefunden wie im *Gita Govinda*, das Jayadeva in der heiligen Stadt Puri sang, als er durch den Mund von Radha sein eigenes Verlangen nach der Vereinigung mit seinem Gott aussprach.

Acht Jahrhunderte, nachdem Jayadeva vorbeiziehenden Fremden seine Ekstase durch sein Lied mitgeteilt hatte, besuchte ich den Jagannath-Tempel. Ich hoffte, ich würde miterleben, wie die Tempelsängerinnen abends den Gott mit dem *Gita Govinda* in den Schlaf sangen. Doch mir wurde mitgeteilt, der Tempel befinde sich mittlerweile in staatlicher Obhut und für Sängerinnen sei kein Geld mehr vorhanden.

Doch dann fiel einem Priester ein, daß die letzte Sängerin noch in der Nähe lebte. Nachdem sie in mehreren Nachrichten eindringlich gebeten worden war, willigte sie schließlich widerstrebend ein, in den Tempel zu kommen und ein letztes Mal das *Gita Govinda* zu singen.

An jenem Tag betrat ich um elf Uhr abends den Tempel. Ich ging an dem mächtigen Turm mit den erotischen Skulpturen vorbei in die Haupthalle. Die Nacht war warm, die Menschen saßen auf dem Boden, unterhielten sich, lagen ausgestreckt da oder sprachen Gebete, dazwischen liefen Kinder mit frischen Blumengirlanden in den Händen herum. Alte Menschen mit asketischen Zügen rezitierten ihre Mantras, im Schoß hatten sie Blätter mit Hibiskusblüten und Ringelblumen und Kokosnußstücke als Gaben für die Götter. Es war die in jedem indischen Tempel übliche Mischung von geselligem Beisammensein und individuellem Gebet. Ganz hinten in der Halle sah ich eine alte Frau von vielleicht siebzig Jahren, sie hatte ein Bein gebrochen und lag der Länge nach ausgestreckt da, ihren Kopf in den Schoß ihrer Tochter gebettet. Der Priester, der mich begleitete, flüsterte mir zu, dies sei die Sängerin, aber es ging ihr offensichtlich so schlecht, daß ich zögerte, sie anzusprechen. Sie registrierte meinen Gruß nur flüchtig und wandte den Kopf ab.

Hinter großen Türen verborgen, die das innere Heiligtum von der großen Halle trennten, befanden sich die Bildnisse des Gottes und seiner Familie. Während wir warteten, daß die Türen geöffnet würden, setzte ich mich auf den Boden und beobachtete die Kinder, die auf dem Steinboden zwischen ihren Müttern herumkrabbelten, und dachte an den Turm draußen mit den Figuren, die in innigen erotischen Stellungen ineinander verschlungen waren. Ich fragte mich, warum Inder sich solche Skulpturen ohne Kichern anschauen können, während die abgeklärten Besucher aus dem Westen, die an Sexkanäle im Fernsehen und aufreizende Anzeigen gewöhnt sind, verlegen werden. Vielleicht macht die in den Figuren ausgedrückte schuldlose Lust den Besucher verlegen.

Auf einmal ertönten Glocken, und die Türen zum inneren Heiligtum öffneten sich. Die Götterbilder wurden enthüllt, hölzerne Idole in totemistischer Gestalt aus der Zeit der ursprünglichen indischen Stammeskultur, welche die neuen Religionen nicht hatten unterdrücken, nur absorbieren können.

Die Anwesenheit der Götter elektrisierte die Atmosphäre in der Halle, sie war geladen mit religiöser Inbrunst. Die Menschen sangen und beteten laut, ihre Stimmen schwollen zu eindringlichem Bitten an, als sie sich auf die Absperrung zu bewegten, die den allerheiligsten inneren Bezirk von der Tempelhalle trennte. Ich sah, wie die alte Sängerin nach vorne humpelte. Die Priester schafften Platz in der Menge, so daß sie sich genau den Göttern gegenüber aufstellen konnte. Mit gefalteten Händen und geschlossenen Augen begann sie zu singen. Ihre Stimme klang brüchig und unmelodiös. Sie schaffte es nicht, den Rhythmus einzuhalten, den Ausdruck zu treffen, in den Ragas die verschiedenen Stimmungen wiederzugeben, wie der *Gita Govinda* es verlangt. Die Priester verloren rasch das Interesse an ihrem Versuch, den Gott mit dem wunderschönen Lied in den Schlaf zu begleiten und ihm sanfte Träume zu schenken, und tauchten den Tempel in Dunkelheit. Der Duft von verbrennendem Kampfer erfüllte die Halle, und die Stimme der alten Sängerin klang in Mißtönen aus, als die Priester mit ihren Lampen um die Götterbilder herumgingen, Eßwaren, die den Göttern geopfert worden waren, in die Hände der sie bedrängenden Menschen schoben und blitzschnell das Geld einsteckten, das die Menschen im Austausch für die Eßwaren opferten.

Die alte Frau humpelte, auf den Arm ihrer Tochter gestützt, aus der Halle, offensichtlich verärgert darüber, daß sie um meiner romantischen Phantasievorstellungen willen die Bequemlichkeit ihres Heimes verlassen hatte. Widerwillig nahm sie das Geld an, das ich ihr in die Hand drückte, und in diesem Moment wurde mir klar, daß sie zu Recht verärgert war.

In der Wirklichkeit des modernen Indien wird die Sexualität immer mehr von der westlichen Mode bestimmt. An die Stelle der intimen sinnlichen und sexuellen Empfindungen, die in den großen erotischen Meisterwerken der indischen Kunst ihren Ausdruck gefunden haben, sind heute Pauschalphantasien getreten.

Seit 1990 das Kabelfernsehen in Indien Einzug gehalten hat, sehen die jungen Inder MTV und nach dessen Vorbild gestaltete, der östlichen Kultur angepaßte Programme und orientieren sich an den erotischen und sexuellen Gepflogenheiten, die in Europa und Amerika gang und gäbe sind. Weiter unten auf der sozialen Leiter verbieten die traditionellen indischen Sitten Geschlechtsverkehr außerhalb der von den Eltern arrangierten Ehe, und in einer ganzen Flut einschlägiger Publikationen ist nachzulesen, daß mit zunehmender Urbanisierung des Lebensstils die Sexualität der Inder immer verklemmter werde.

Ein neues Phänomen breitet sich in Indien aus, von den kleinsten Städten bis in die Metropolen: Kontaktanzeigen. In den letzten zwei bis drei Jahren kamen immer neue Magazine mit Namen wie »Freizügig« oder »Schmusekatze« auf den Markt, in denen sich neben einem Artikel über das Wirken von Mutter Teresa seitenweise Kontaktanzeigen von Paaren aus ganz Indien finden. Sie suchen Gruppensex mit Fremden: *Vollkommene Diskretion garantiert/erwartet.*

Werbung für die Einführung in die Welt der Sexualität: *Lust, die verbotene Frucht zu kosten? Schüchterne, zurückhaltende junge Mädchen willkommen.*

Die Sehnsucht nach einem sexuellen Erlebnis: *Unerfahrene Jungfrau mit einzigartigen Phantasien sehnt sich danach, geliebt zu werden.*

Oder der prickelnde Gedanke an gefahrlosen Ehebruch: *Sind Sie eine einsame Hausfrau? Biete Gelegenheit zu toleranten Begegnungen. Zwei Hausfrauen können sich gemeinsam melden für Spaß und Unterhaltung.*

Wir sind das Land des Kamasutra, der großen Schrift über die Liebeskunst, die von asketischen Weisen verfaßt wurde, wir haben die Schwarze Pagode von Konarak mit ihren sechs Meter hohen, in erotischer Umarmung verschlungenen Statuen, wir verehren Shiva in seiner phallischen Form und legen Girlanden um die Yoni, den Schoß der Göttin, und heute antworten wir auf Anzeigen wie die folgenden:

*Kultiviertes, reifes, hygienebewußtes Ehepaar, freizügig, mit Interesse an allem, was Spaß macht, sucht Frauen, Männer, Paare. Kultivierte Umgangsformen Voraussetzung, strikte Diskretion garantiert.*

Oder: *Unerfahrenes Paar, sie bisexuell, er gut ausgestattet.*

Und Versprechen über Versprechen: *Baby, das ist dein Glückstag – Gutaussehender, netter Junge – Sehr anstrengend.*

Oh Jayadeva, komm zurück zu uns. Indien braucht ein neues *Gita Govinda.*

Siehst du nicht, daß das ganze Land sich in seiner unerfüllten Sehnsucht an Fremde wendet und in den Magazinen nur den einen Wunsch hinausruft: »Oh mein Freund, mach, daß er sich zu mir legt und mich liebt.«

# 33

## *Altes Wissen*

Vor etlichen tausend Jahren, als die größten Weisen Indiens sich durch Telepathie miteinander verständigten, kamen sie überein, gemeinsam über die menschliche Natur nachzudenken, und so schwebten sie zu einer Höhle im Himalaya zu einem Treffen aller Weisheit. Und ihr Treffen endete damit, daß sie eine Wissenschaft namens Ayurveda begründeten, das Wissen vom Leben.

In ihren langen Meditationen erkannten die weisen Begründer des Ayurveda, daß die Zeit Maya war, das große Spiel der Illusionen, das die ewige Energie des Universums verbirgt. Sie wußten auch, daß der Mensch die Zeit fürchtet, denn von allen Lebewesen ist allein der Mensch sich seiner Sterblichkeit bewußt. Nun fragten sich die Weisen, wie die Menschen in dem beständigen Zustand hektischer Unruhe die nötige Konzentration erlangen könnten, um die universelle Lebenskraft zu erfahren, die allein helfen kann, das ewige Selbst zu verwirklichen und die Furcht vor der Zeit zu überwinden.

Anders gesagt: Wie findet der Mensch die Kraft, ruhig zu werden? Es ist eine für das indische Denken typische Paradoxie, und im Laufe der Jahrhunderte wurden in Indien viele Disziplinen entwickelt, die den Menschen helfen sollen, die für die Ruhe erforderliche Gelassenheit und Ausgeglichenheit zu erlangen.

Für das Ohr gibt es das Rezitieren von Mantras oder heiligen Silben. Welche religiöse Bedeutung ihnen auch zugeschrieben werden mag, Mantras sind lediglich eine Folge von Tönen, und sie zu singen oder zu sprechen, ist der Versuch, den Geist durch beständige Wiederholung zur Ruhe zu bringen. Diese Methode wurde auf die indische Musik übertragen, dort ist das Mantra eine einzige Tonfolge, die endlos variiert wird mit dem Ziel, einen meditativen Zustand zu erzeugen, der Musiker und Zuhörer über das Vergnügen hinaus zur Kontemplation führt.

Für die Augen gibt es die Mandalas, runde Formen und gegenständliche Darstellungen, und die Yantras, geometrische Muster, die die geheimen Formeln des Daseins enthalten. Unabhängig von ihrer möglichen mystischen Bedeutung sind sie visuelle Hilfen, geschaffen als Meditationen für die Augen. Ihre Muster sind in die indische Textilkunst und das Kunsthandwerk eingegangen, ihre Farben bezeichnen die seelischen Zustände, die durch die indische Malerei hervorgerufen werden.

Um den ganzen Körper geht es im Yoga. Die Epigramme des Weisen Patanjali beschreiben Bewegungen und Asanas oder Haltungen in einem System körperlicher Übungen, das Energie freisetzen soll. Die letzte, fortgeschrittenste Übung des Yoga ist das kontrollierte Atmen, denn der Atem ist der Ursprung des Lebens. Yogis, die das meisterlich beherrschen, sind in der Lage, ihre Atemfrequenz so weit herabzusetzen, daß sie bis an die Schwelle des Todes gelangen, und damit überwinden sie die Grenze zwischen der menschlichen Vorstellung vom Leben und dem allezeit Lebendigen.

Der Ayurveda befaßt sich mit dem gesamten Menschen. Menschliches Leiden kann danach in drei Erscheinungsformen auftreten: als körperliches, geistiges und spirituelles Leiden. Zur Linderung des körperlichen Leidens kennt die ayurvedische Medizin eine Fülle von Heilpflanzen; viele wurden bereits von den indischen Ureinwohnern, der Stammesbevölkerung, entdeckt. Für geistiges Leiden hält Ayurveda eine Reihe von Meditationen bereit, die den Kranken in die Lage versetzen sollen, innere Harmonie wiederzufinden und seine zerstörerische Ruhelosigkeit zu überwinden. Und was das letzte und größte Anliegen des Ayurveda angeht, die Gesundheit der Seele, so sagen die Weisen, kein Mensch könne von Leiden frei sein, wenn er nicht die gegenseitige Abhängigkeit alles Lebendigen erkannt habe.

Um dem Menschen das Leben in der äußeren Welt zu erleichtern, haben wir das Vastushastra, eine Sammlung von Abhandlungen über die Baukunst. Das Vastu geht von der Prämisse aus, der ursprüngliche Akt der Baukunst sei die Erde, die alle Formen des Lebens beheimate. Wenn ein Haus gebaut wird, sind bestimmte Rituale zur Anerkennung dieser Tatsache erforderlich. Die Fundamente eines Hauses dringen in die Erde ein, und so muß der Architekt Samenkörner und Wurzeln in die Fundamente legen, um die Erde neu zu bepflanzen. Wenn das tragende Gebälk des Hauses aufgerichtet wird, ist ein weiteres Ritual zu befolgen, das den Menschen daran erinnert, daß in der Vergangenheit der Baum Schutz spendete und er, der Mensch, Blätter oder Tierfelle darüber legte, um eine erste kleine Wohnstatt innerhalb der großen Wohnstatt, der Erde, zu haben. Die Architektur des Hauses muß die Elemente des Lebens einbeziehen: Erde, Luft, Wasser, Feuer, Energie. Im Idealfall sollte die Anlage aus mehreren Einzelgebäuden bestehen, die Raum umschließen und sich zu einer Reihe von Höfen öffnen, in denen sich die Elemente so frei bewegen können wie sonst auf der Erde, und sie sollte einen Pavillon besitzen, der Raum umschließt und zugleich Raum ist, damit die Energien von den Magnetfeldern der Erde von allen Seiten hereinströmen können. Anweisungen für das Anpflanzen von Blumen und Bäumen, für die Anlage von Wasserbecken und für die notwendige Reinhaltung des Wassers und der Luft behandeln den Akt des Bauens wie die Schaffung von etwas Lebendigem.

Allezeit war in Indien der Einsatz von Mantras, Mandalas und Yoga als Weg zur Selbstverwirklichung üblich. Heute erleben Ayurveda und Vastushastra ein eindrucksvolles Comeback, ein Zeichen dafür, daß die Inder endlich Selbstvertrauen entwickeln und sich bei der Lösung ihrer Probleme auf ihr eigenes Wissen besinnen. Bedauerlicherweise beruht ein Großteil des gegenwärtigen Interesses an Vastu auf der abergläubischen Vorstellung, daß ein Haus, das unter Berücksichtigung der Vastu-Regeln erbaut wurde, Energien erschließen kann, die dem Besitzer Reichtum und Glück bescheren. Und immer mehr Bücher über Ayurveda beschränken sich auf Schlankheits- und Schönheitstips und reduzieren damit die Vorstellung des Universums als eines harmonischen Ganzen auf narzißtische Bedürfnisse.

Selbst die Kontemplationen, die angeblich zu einem Verständnis der allumfassenden Prinzipien des Lebens führen sollen, wurden so oft zu selbstsüchtigen Zwecken eingesetzt, daß der indische Literaturnobelpreisträger Rabindranath Tagore zornig schrieb: »Oh weh, mein freudloses Land, gekleidet in schäbige Lumpen, beladen mit verfallener Weisheit. Du rühmst dich, den Schwindel der Schöpfung durchschaut zu haben. Und während du müßig in der Ecke sitzt, tust du nichts weiter, als die Schneide deines metaphysischen Hokuspokus zu schärfen ...«

Ich denke, Tagore urteilte ein wenig zu hart, aber mit unserem punktuellen Gebrauch einer alles umfassenden Philosophie haben wir in der Tat eine einstmals ganzheitliche Vision der Welt zertrümmert, in welcher der Mensch der Hüter eines lebendigen Organismus und als solcher verantwortlich für die Erhaltung eines empfindlichen Gleichgewichts war. Die Folgen sind unübersehbar. Das moderne Indien bietet ein Bild rauher Disharmonien, und wir brauchen heute weniger die alten Weisen, die uns das Wesen der ewigen Einheit erklären, als moderne Weise, die uns auf die gegenwärtigen Widersprüche hinweisen, Beobachter, die eine Antwort auf die Frage haben, warum wir beständig das wahrhaft Lebendige zugunsten des bloßen Scheins verleugnen, und die uns vielleicht helfen, eine Brücke von unserer Gegenwart zu unserer Vergangenheit zu schlagen.

Ich denke, man könnte den Gelehrten G. V. Desani einen solchen modernen Weisen nennen. Jedenfalls hat er entsprechende Referenzen. Er lebte vierzehn Jahre lang als Asket, bereiste Indien, widmete sich dem Studium der Philosophie und erlegte sich harte körperliche Kasteiungen auf in dem Bemühen, eine Verbindung zwischen der alten Weisheit Indiens und der indischen Gegenwart zu finden. Im Verlauf des Zweiten Weltkriegs verschlug es ihn nach England, und aus reinem Heimweh schrieb er seinen wunderbaren Roman *All About H. Hatterr* (Alles über H. Hatterr).

Mr. Hatterr ist ein bankrotter Eurasier und lebt in Bombay.

Sein Freund Mr. Banerrji vermittelt ihm schließlich Arbeit bei einer indischen Zeitung. Er soll über verschiedene Weise schreiben – den Guru von Bombay, den Guru von Madras und so weiter. Hatterr spricht mit sieben Gurus, die alle durch die Gutgläubigkeit ihrer Anhänger reich geworden sind. Jedes Gespräch ist für ihn eine philosophische Lektion über das Leben. Er versucht, daraus Schlußfolgerungen für sein eigenes Leben zu ziehen, und das führt ihn in ein großes Abenteuer. Unerwartet beschert ihm dies eine Erkenntnis, die er seinem Freund Banerrji gegenüber so zusammenfaßt:

»Was die *Wahrheit* betrifft, sie ist alles in allem *verdammt geheimnisvoll.«*

Durch die Augen des halb asiatischen, halb westlichen Hobby-Reporters, der mitten im Chaos der indischen Gegenwart steht, stellt Desani vermittels der kompliziertesten Denkrichtungen der indischen Philosophie die indische Komödie dar – das Spiel der Illusionen im Mittelpunkt der indischen Metaphysik. Es ist ein intellektuelles Meisterstück, und um es zu vollbringen, erfand Desani ein eigenes indisches Englisch von solcher Kraft, daß T. S. Eliot, Edmund Wilson und E. M. Forster sich in ihren Rezensionen tief beeindruckt zeigten. Der britische Schriftsteller Angus Wilson schrieb, Desanis Englisch sei »eine ganze Sprache ... wie das Englisch Shakespeares«.

Aber die Geschichte geht noch weiter – und diesmal ist der Autor selbst der Protagonist. Zurück in Indien, mit den Rezensionen seines Buches in der Tasche, versuchte er wie sein Held Arbeit zu finden und bewarb sich bei der Zeitschrift *The Illustrated Weekly*. Der Chefredakteur glaubte ihm nicht, daß sich bedeutende Autoren wie T. S. Eliot so bewundernd über ihn geäußert hätten, und behauptete, Desani habe die Rezensionen selbst verfaßt. Empört, daß seine Aufrichtigkeit in Frage gestellt wurde, zog sich Desani in einen Betonraum zurück und versenkte sich in eine yogische Trance. Er verlangsamte seinen Stoffwechsel bis zum Zustand des scheinbaren Todes. In diesem Zustand verharrte er, bis der Chefredakteur sich in aller Form bei ihm entschuldigte. Wie Hatterr auf der ersten Seite des Buches bemerkt:

WARNUNG!
Wahrscheinlich, sagt ihr?
Nein, Freunde.
Alles Unwahrscheinliche ist wahrscheinlich in Indien.

Der Vorfall hätte der Feder des Karikaturisten Lakshman entstammen können, der seine Beobachtungen über Indien in der großen Tageszeitung *Times of India* veröffentlicht.

Wenn Indien einen zeitgenössischen Bericht über das große Spiel der Maya sucht, dann braucht es sich nur anzusehen, was Lakshman tagtäglich über die Macht im Staat zu berichten hat. Die indische Politik liefert Lakshman eine aktuelle Mythologie, die ebenso reich an überwältigenden Figuren, ebenso verwikkelt, ebenso farbenfroh und ereignisreich ist wie die Machtkämpfe im *Mahabharata*. Doch unseren egalitären Zeiten fehlt die epische Größe, und so ist es nur passend, daß Lakshman das Geschehen aus der Sicht des Durchschnittsinders berichtet.

In jeder Lakshman-Karikatur steht ein nachdenklicher einfacher Mann in der Ecke und beobachtet mit dem bestürzten Blick desjenigen, der zufällig in eine Theateraufführung hineingeraten ist, das immer seltsamere Gebaren der Personen, die die öffentliche Bühne in Indien beherrschen. Von seinem günstigen Aussichtspunkt sieht er den größenwahnsinnigen Machenschaften zu, für die die Täter blind sind, und sein fassungsloser Gesichtsausdruck entlarvt die Selbsttäuschung der Menschen besser als die Lehren eines Weisen.

Der Durchschnittsinder aus Lakshmans Karikaturen taucht in unterschiedlicher Gestalt auch in den Romanen seines Bruders R. K. Narayan auf.

*Der Absolvent der philosophischen Fakultät, Der Drucker Mr. Sampath, Der Finanzexperte, Der Englischlehrer, Der Süßigkeitenverkäufer* – die Titel von Narayans Büchern lassen schon das bescheidene Leben in der kleinen erfundenen Stadt Malgudi ahnen, die halb Dorf und halb modernes städtisches Indien ist. Während Narayan seine Charaktere entfaltet, deren Leben die Entwicklung des modernen Indien widerspiegeln, kann er zeigen, wie die beiden Welten aufeinanderprallen, die traditionelle dörfliche und die moderne urbane.

In *Der Führer* flieht ein kleiner Gauner aus dem Gefängnis und findet Zuflucht in einem Tempel, weil er behauptet, er sei ein heiliger Mann. Dann kommt eine Dürre, und die Dorfbewohner glauben, nur seine heiligen Kräfte könnten ihr ein Ende machen. So helfen sie ihm zu fasten, bis es wieder regnet – indische Verlogenheit trifft auf indischen Aberglauben in einem Kampf auf Leben und Tod.

In *Der Zeichenmaler* erhält ein einfacher Mann, der sehr stolz ist auf seine kalligraphischen Fertigkeiten, von einer militanten Feministin aus der Stadt den Auftrag, Parolen zu malen, und er verliebt sich in seine Auftraggeberin. Die Art, wie er ihr den Hof macht, ist eine elegante Darstellung der Konfrontation zwischen dem traditionellen und dem modernen Indien. *Die Welt von Nagaraj* handelt von einem Mann, der nur den einen Wunsch hat, eine große wissenschaftliche Arbeit über die Paradoxa des Weisen Narada zu schreiben. Doch er fühlt sich am Denken gehindert durch die junge Ehefrau seines Neffen, die den ganzen Tag schrille indische Filmmusik laufen läßt, weil es ihr innigster Wunsch ist, Playbacksängerin im Kino zu werden. Welches ist nun der größere Fehler – Vulgarität oder Rückzug von der Welt um der Geheimnisse des Geistes willen?

Wir haben großes Glück für uns, daß im ersten halben Jahrhundert unserer Freiheit zwei so begabte Brüder in Indien leben, als hätten die Götter gewußt, wie verzweifelt wir unseren eigenen großen Karikaturisten und unseren eigenen großen Ironiker brauchten, um vernünftig zu bleiben. Wenn es nur das Werk dieser beiden gäbe, hätten wir damit doch eine Chronik der ersten fünfzig Jahre von Indiens Existenz als unabhängige Nation.

Daß der Philosoph, der Karikaturist und der Romanschreiber sich so engagiert mit dem modernen Indien befaßt haben, sollte ausreichen, um Tagores Befürchtung zu zerstreuen, Indien könnte sich dauerhaft vom »Schwindel der Schöpfung« zurückziehen. Das Großartige an ihrem Werk ist, daß es uns die Wahl läßt: Rückzug oder Beteiligung. Sie weisen uns in jedem Fall den Weg.

Ich finde, daß es mehr zur Linderung meines Schmerzes beiträgt, wenn ich jeden Morgen über Lakshmans sarkastischen Blick auf Indien lache, als wenn ich Nabelschau betreibe. Aber mit Yoga hält mein Lachen länger an.

Graham Greene sagte einmal, Narayans Werk sei für ihn wie ein zweites Zuhause. Gewiß hat es dazu beigetragen, daß die Inder sich in ihrem wohler fühlen. Wenn ihre Häuser nach den Regeln des Vastushastra gebaut sind, um so besser, und wenn die Realität außerhalb der heimischen Mauern zu grotesk erscheint, hilft Narayans Ironie, sie zu ertragen.

Und wenn weder Mandalas noch Mantras, noch Kräutergetränke nach den Regeln des Ayurveda etwas ausrichten bei Panikanfällen angesichts des wachsenden Chaos in Indien, dann können wir immer noch bei Hatterrs hart erkämpfter Erleuchtung Tröstung suchen.

Denn Hatterrs Schöpfer, G. V. Desani, Yogi, Denker und Geschichtenerzähler, rät uns, unbekümmert wieder in das Meer einzutauchen, das Indien ist, und ermuntert uns mit dem philosophischen Befehl: *Nur zu, Jungs, legt euch weiter ins Zeug!*

## 34

## *Die Gestalt der Dinge*

Rabindranath Tagore wurde 1912, kurz bevor er den Literaturnobelpreis erhielt, gebeten, ein Gedicht anläßlich der Krönung Georgs V. zum König und Kaiser von Indien zu verfassen. Tagore war verwirrt und schrieb statt dessen eine Hymne zu Ehren Gottes:

> Der du das Denken aller Menschen lenkst,
> Herrscher über Indiens Schicksal.
> Panjab, Sind, Gujerat, Maharashtra, Dravida,
> Orissa, Bengalen,
> Vindhya und Himalaya, Jumna und Ganges,
> die Wellen seiner wogenden Ozeane
> erwachen, tragen deinen Namen,
> bitten um deinen Segen,
> singen dein Lob.

Tagores Verse wurden die Nationalhymne des freien Indien. Vor Jahren, als mein Sohn gerade fünf war, erzählte er mir eine andere Geschichte über Götter und Indien. Ich habe seither versucht herauszufinden, wo er diese Geschichte wohl gehört hat, denn er kann sich nicht erinnern, und niemand sonst scheint sie zu kennen. Ich habe Sanskrit-Gelehrte in Varanasi gefragt und in Büchern über indische Legenden nachgeschlagen, aber ich bin nicht auf den Ursprung gestoßen. Vielleicht hat er sich die Geschichte tatsächlich selbst ausgedacht: die Erklärung eines Kindes, wie sein Land entstanden ist. Oder er interpretiert auf diese Weise die entschlossenen Bemühungen seiner Großeltern, ihm ein Land zu geben.

Wie auch immer, seine Geschichte lautet so: Shiva ist in einer

Eishöhle im Himalaya in tiefer Meditation versunken. Die Göttin, die ihn liebt, wurde aus seinem Gesichtskreis verbannt, damit sie seine Meditation nicht stört. Sie wandert durch die Welt und versucht, den großen Asketen zu vergessen, nicht einmal umdrehen will sie sich und einen Blick in seine Richtung werfen. Doch schließlich kann sie nicht mehr widerstehen, und mitten in den Wellen des Indischen Ozeans wendet sie sich um und streckt ihre Arme zu den Bergen hin als flehentliche Bitte, der asketische Gott möge in ihre Umarmung kommen. Da schießen zwischen ihren Armen Reisfelder empor und Wüsten und Flüsse, steinerne Festungen, Elefanten, Gletscher und Kokospalmen und Tempel – kurzum, der Kontinent Indien.

»Und darum«, eröffnete mir mein Sohn und streckte mir seine Arme wie zu einer Umarmung entgegen, »sieht Indien so aus.«

Vielleicht kann nur ein Kind erkennen, daß es eine Kraft gibt, die alle tragischen Gegensätze, alle Unterschiede zwischen Rassen, Sprachen und Religionen, das ganze Durcheinander, das Indien ausmacht, durchdringt und in den Menschen ein Gefühl weckt, das größer ist als Patriotismus und das sie bewegt, sehnsuchtsvoll nach etwas die Arme auszustrecken. Tagore nannte es eine durch Hingabe geheiligte Geographie. Ich weiß nicht, was es ist, ich weiß nur, daß sich das Gefühl in mir regt, wenn ich fort bin, und dann sehne ich mich nach dem Land, das seine Gestalt der Sehnsucht verdankt.

# 35

## *Mußestunden*

Das Urdu-Wort »Firdauz« bedeutet »Muße«. Damit bezeichnen wir eine Gabe, die so einzigartig ist, daß nur Gott sie geschaffen haben kann in einem Augenblick, da nichts anderes ihn beschäftigte. So sagen wir: Gott hat es in einer Mußestunde gemacht.

Manchmal beschreiben wir mit diesem Ausdruck

den Duft des indischen Abends: Rauch von brennenden Blättern, vermischt mit dem Rauch von brennendem Kuhfladen und dem Geruch von Räucherstäbchen bei der abendlichen Andacht;

den Duft der ausgedörrten Erde, wenn der Monsunregen darauf niederprasselt, während Pfauen ihr Rad schlagen und tanzen;

Sittiche, die in einer grünen Wolke in den Sonnenuntergang hineinfliegen;

Falken, die am Himmel kreisen, während kein Lufthauch sich regt;

die pyramidenförmig aufeinandergestellten Gaslampen, die dem Bräutigam auf seinem Schimmel vorangetragen werden, die Hochzeitskapelle, die »Ein sommerlicher Ort« im Marschrhythmus spielt;

auf einer Sandbank zum Trocknen ausgebreitete Saris;

das tiefe Dunkel der Reisfelder in der Abenddämmerung;

das harte Licht der Wüste, schaukelnde Kamele, glitzernden Glimmer im Sand;

den Klang von Kuhglocken zwischen Autohupen, den sanften Blick der indischen Kühe, die durch die Straßen der Stadt wandern und sich schließlich in kleinen Gruppen mitten auf der Straße niederlassen – ein sicheres Zeichen, daß es regnen wird;

den rauhen Schrei der Krähen bei Tagesanbruch, den Tau, der in Spinnweben glitzert;

das Läuten der Glocken in einem indischen Tempel, das Geschrei der Babys, die auf den Hüften ihrer verschleierten Mütter sitzen;

den Klang der Glocke am Hals eines Elefanten, der in der Stadt eine Hauptstraße entlang trottet;

die Glöckchen um die Fesseln einer Tänzerin;

aus Teehäusern dröhnende Filmmusik, die Stimme des Straßenverkäufers, der sein Angebot herunterleiert, die einsame Flöte des Ziegenhirten, der weit oben auf unbewohnten Hügeln seine Herde hütet;

den monotonen Singsang der Mönche unter dem Baum, unter dem Buddha erleuchtet wurde;

den Ruf des Muezzin »Es gibt keinen Gott außer Gott«, und die ekstatischen *qawwali*-Gesänge;

das warnende Fauchen des Tigers, die Kobra, die aus einem Korb emporsteigt, den Schrei der Hyänen, das Erblühen der Wasserlilien, das Knurren der streunenden Hunde, den charakteristischen Ruf des Koël nach Regen;

Götterbilder, die auf dem Ozean treiben, Blumengirlanden, die sich in den Wellen auflösen;

den weißen Horizont über den heiligen Bergen des Himalaya, den stählernen Dreizack eines Tempels hoch in den Bergen;

den durchdringenden Pfiff des Zuges, Kohlenstaub auf hölzernen Sitzen, einen Fluß, der in abendlicher Dunkelheit vorbeifliegt;

Girlanden aus Jasminblüten und Ringelblumen, die naß aus einem Wasserkübel geholt werden, das Rascheln von gestärktem Musselin bei jeder Bewegung;

warme Steinböden unter nackten Füßen, kühlende Hennapaste auf der Handfläche, die Berührung glatter brauner Haut;

zu Pyramiden aufgetürmte Gewürze: orangegelbes Kurkuma, rote Chilischoten, grauer Kümmel, schwarze Senfsamen;

gläserne Armreifen, die bei Laternenlicht verkauft werden, zerbrechliche Farbspiele in der Dunkelheit;

den Duft indischer Parfüms: Vetiveröl und Sandelholz, Jasmin und Opium, ein Tropfen Rosenöl aus tausend Blütenblättern der tausendblättrigen Rose und die Essenz, die Muße genannt wird;

die Bemalung auf der Stirn einer Hindu-Frau, die silbernen Ornamente im Haar eines muslimischen Mädchens, die eckigen Ohrgehänge einer Stammesangehörigen, der leuchtende Turban eines Mannes aus dem Norden, der schmucklose Schal um die Schultern einer Frau aus dem Süden, die Maske aus zartem Musselin vor dem Mund eines jainistischen Mönchs, das safrangelbe Gewand des buddhistischen Mönchs, die verfilzten Locken des Eremiten;

einen dicken Laib Brot, der wie eine Wolke auf einem großen Teller liegt; weißen, dampfenden Reis auf einem Bananenblatt, heißen Kaffee in metallenen Bechern;

den irdenen Topf, der sich feucht anfühlt, den Bambuslöffel, der auf der Zunge kratzt;

die Zisterne im Dorf, das marmorne Gewölbe, den Brunnen mit Stufen;

Männer, die zwischen den Pfahlwurzeln eines Banyanbaumes sitzen und an ihren Wasserpfeifen ziehen;

Laternen, die an einem Ochsenkarren baumeln, die plärrenden Hupen buntbemalter Lastwagen;

die durchdringenden Gerüche eines indischen Bazars: Staub, Blumen, Räucherstäbchen, Petroleum, überquellende Rinnsteine, Fliegen, klebrige Süßigkeiten;

den Angriff auf die Sinne, die Liebkosung der Sinne.

Gott muß Indien in einer Mußestunde geschaffen haben.

# *Chronologie politischer Ereignisse*

*1947*

*14./15. August:* Das britische Empire überträgt die politische Macht auf die beiden unabhängigen Staaten Indien und Pakistan. Ost- und Westpakistan sind durch die indische Landmasse voneinander getrennt.

Das britische Empire gibt Einzelheiten der Teilungsbeschlüsse bekannt.

*August-September:* Sieben Millionen Menschen fliehen aus ihrer Heimat, bei religiösen Auseinandersetzungen werden über eine Million Menschen getötet.

*1947–1948*

Eingliederung unabhängiger Fürstentümer in die beiden Staaten Indien und Pakistan. Der Herrscher über Kaschmir schließt sich nach einer Invasion von Stammesleuten aus Pakistan dem indischen Staat an. Pakistan behält das von den Stammesleuten besetzte Gebiet. Die Vereinten Nationen überwachen die Waffenstillstandslinie in Kaschmir.

*1948*

*30. Januar:* Mahatma Gandhi wird von einem hinduistischen Fanatiker ermordet.

*1950*

*26. Januar:* Die Verfassung der Indischen Union tritt in Kraft.

*1951*

Erste Wahlen zum Unionsparlament. Jawaharlal Nehru wird als Premierminister bestätigt, unter seiner Führung siegt der Indische Nationalkongreß in den ersten drei Parlamentswahlen. Inkrafttreten des ersten Fünfjahresplans für die wirtschaftliche Entwicklung.

*1959*

Die Zentralregierung setzt die Regierung des Bundesstaates Kerala ab.

China annektiert Tibet, der Dalai Lama flieht nach Indien.

*1962*

Indien führt Krieg mit China an der Grenze zu Tibet.

Chinesische Truppen dringen durch den Bundesstaat Assam nach Indien vor.

*1964*

Tod Nehrus, Lal Bahadur Shastri wird neuer Premierminister von Indien.

*1965*

Krieg zwischen Indien und Pakistan an den Westgrenzen der beiden Bundesstaaten Kutch und Kaschmir.

*1966*

Shastri stirbt in Taschkent während der durch Rußland vermittelten Waffenstillstandsverhandlungen.

Nehrus Tochter, Indira Gandhi – nicht verwandt mit Mahatma Gandhi –, wird vom Indischen Nationalkongreß interimistisch zur Premierministerin ernannt.

*1968*

Beginn der »Grünen Revolution« in der Landwirtschaft.

*1969*

Der Indische Nationalkongreß spaltet sich in zwei Gruppierungen.

*1971*

Fünfte Parlamentswahlen. Indira Gandhi erringt mit dem Wahlslogan »Bekämpft die Armut« einen erdrutschartigen Wahlsieg. Sie ändert den Parteinamen in »Kongreß (Indira)«. Aufstand in Ost-Pakistan, die Regierung von Pakistan geht militärisch gegen die Aufständischen vor.

Fast zehn Millionen Flüchtlinge aus Ost-Pakistan suchen Zuflucht in den indischen Bundesstaaten Assam und Bengalen.

Krieg zwischen Indien und Pakistan.

Ost-Pakistan wird als Staat Bangladesch unabhängig.

*1975*

Richter Sinha vom Obersten Gericht in Allahabad befindet Indira Gandhi der Wahlfälschung für schuldig.

Indira Gandhi verhängt den Ausnahmezustand.

*1977*

Bei den Wahlen zum Unionsparlament siegt die Janata-Partei. Morarji Desai wird neuer Premierminister.

*1979*

Rücktritt der Regierung Desai nach Verlust der Regierungsmehrheit. Vorzeitige Parlamentswahlen werden anberaumt.

Jarnail Singh Bhindranwale unterstützt im Wahlkampf die Kandidaten Indira Gandhis.

*1980*

Siebte Parlamentswahlen. Indira Gandhi kehrt an die Macht zurück.

Ihr Sohn Sanjay stirbt beim Absturz seines Sportflugzeuges über der Hauptstadt.

Bhindranwale und seine Gefolgsleute besetzen den Goldenen Tempel von Amritsar.

*1981*

Rajiv Gandhi wird ins Unionsparlament gewählt.

*1982*

Indien unterstützt die Tamilen in Sri Lanka mit Waffenlieferungen.

*1984*

Die Regierung des Bundesstaates Kaschmir wird abgesetzt.

*5. Juni:* Die indische Armee stürmt den Goldenen Tempel von Amritsar.

Wahlen zum Unionsparlament werden anberaumt.

Indira Gandhi wird von einem Sikh aus ihrer Leibwache erschossen; Rajiv Gandhi übernimmt die Amtsgeschäfte des Premierministers.

Ausschreitungen gegen Sikhs in Delhi, nach Angaben der Regierung werden innerhalb von zwei Tagen 2300 Sikhs getötet, nach Angaben eines Bürgerkomitees beläuft sich die Zahl der Toten auf mehr als 4000.

Rajiv Gandhi gewinnt die Parlamentswahlen und wird als Premierminister bestätigt.

*1985*

Der Oberste Gerichtshof entscheidet, daß allen geschiedenen Ehefrauen, auch Musliminnen, Unterhalt für sie selbst und ihre Kinder zusteht.

*1986*

Die Regierung Rajiv Gandhi erläßt ein Gesetz, wonach für Musliminnen die Schariat gilt, also die auf das Mittelalter zurückgehende fundamentalistische Interpretation des islamischen Rechts.

*1987*

*Juni:* Indien verletzt den Luftraum von Sri Lanka, um Hilfsgüter für die Tamilen abzuwerfen.

*Juli:* Friedensvertrag zwischen Indien und Sri Lanka.

*August:* Sri Lanka bittet die indische Armee um Unterstützung bei der Entwaffnung der tamilischen Rebellen.

*1988*

Die umstrittene Moschee in Ayodhya wird geöffnet.

Hinduistische Fanatiker kämpfen für den Bau eines Hindu-Tempels an der Stelle der Moschee.

*1989*

In Ayodhya wird der Grundstein für den Tempelbau gelegt.

Bei den neunten Parlamentswahlen verliert die Kongreßpartei ihre absolute Mehrheit, Bildung einer Koalitionsregierung, neuer Premierminister wird V. P. Singh.

Die indische Armee kehrt aus Sri Lanka zurück. 1500 indische Soldaten sind beim Kampf gegen die tamilischen Separatisten gefallen.

*1990*

V. P. Singh setzt eine Quotenregelung für Angehörige niedriger Kasten im Berufs- und Ausbildungssektor durch, daraufhin kommt es zu Unruhen.

Die hindu-nationalistische Bharatiya Janata Party (Indische Volkspartei) agitiert landesweit für den Bau des Tempels in Ayodhya.

Die Regierung läßt den umstrittenen Bezirk abriegeln und Unruhestifter ins Gefängnis werfen.

*1991*

Parlamentswahlen werden anberaumt.

Rajiv Gandhi wird von einer tamilischen Selbstmordattentäterin in die Luft gesprengt.

Narasimha Rao wird Premierminister und regiert mit einer Minderheitsregierung der Kongreßpartei (Indira).

Reform des indischen Wirtschafts- und Steuersystems.

Wahlen im Bundesstaat Panjab.

*1992*

Zerstörung der Moschee in Ayodhya durch hinduistische Fanatiker, im ganzen Land kommt es daraufhin zu schweren Ausschreitungen zwischen Hindus und Muslimen.

## *1993*

In Bombay explodieren zehn Bomben.

## *1996*

Wahlen zum Unionsparlament.

Die Janata-Partei wird stärkste Kraft im Parlament, kann aber nicht allein regieren.

Deve Gowda von der Janata-Partei wird Premierminister und regiert mit einer Koalition aus dreizehn weiteren Parteien.

In den Verfahren wegen der Ermordung von Sikhs im Jahr 1984 werden die Urteile gesprochen, auch ehemalige Minister der Regierung Rajiv Gandhi werden verurteilt. Die Familien der Opfer erhalten Entschädigungszahlungen.

Wahlen in Kaschmir.

Führende Politiker und hohe Regierungsbeamte müssen sich wegen Korruptionsvorwürfen vor Gericht verantworten, viele werden zu Gefängnisstrafen verurteilt.

## *1997*

Indien feiert sein fünfzigjähriges Bestehen als demokratischer Staat.

Und immer wieder sät man aus den Samen
Und immer wieder gießen Wolkengötter
Und immer wieder ackert man den Acker
Und immer wieder kommen andre Eigner
Und immer wieder werden Bettler bitten
Und immer wieder werden Geber geben
Und immer wieder neue Gaben geben
Und immer wieder neue Himmel finden.

*Lied der Mönche Gautama Buddhas*